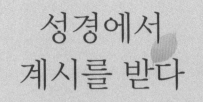

성경에서
계시를 받다

나용화

전라남도 나주에서 태어나 (1946년) 광주고등학교 졸업(1964년), 전남대학교 법과대학 졸업(1969년), 장신대학교 신학대학원 1년 공부(1969년), 총신대학교 신학대학원 졸업(1977년)하였고, 미국의 카베난트신학대학원에서 신학석사 학위(1983년), 콘콜디아신학대학원에서 신학박사 학위를 받았다(1988년). 1977년부터 1991년 8월까지 광신대학교에서(1981년부터 1984년까지 미국 유학함), 그리고 1991년부터 2013년 2월까지 개신대학원대학교에서 교수 및 총장으로 섬기는 가운데 신학을 가르쳤고, 지금은 명예교수이다. 또한 렘넌트신학연구원에서 조직신학을 강의하고 있다.

신학은 신앙의 종이요, 교회를 위한 학문이라고 생각하는 까닭에, 1980년부터 1991년 8월까지 광주 동명교회 대학부 지도목사로 섬겼고, 1992년에는 광주애양교회를 개척 설립하여 2000년까지 섬겼으며, 2001년에는 오치애야교회를 또다시 개척 설립하여 현재까지 섬겨오고 있다.

성경에서 계시를 받다

발행일 2014년 10월 1일 초판 1쇄
지은이 나용화
발행인 박정자
발행처 에페코북스
기획·디자인 에페코북스 편집실
마케팅 이성인 김영주 허희승
주　소 서울시 영등포구 여의도동 14-5
제작처 (주)예손그리너
대표전화 (02)2274-8204
팩　스 (02)2274-1854
이메일 rutc1854@hanmail.net
등　록 제20011-999127호

잘못된 책은 바꾸어 드립니다.
에페코북스는 헬라어로 '굳게 붙잡는다' 라는 뜻입니다. 에페코 출판사는 구원과 생명의 말씀을 굳게 붙잡는 기업이 되겠습니다.

성경에서
계시를 받다

나용화 지음

에페코북스

저자의 말

1975년 총신대학교 신학연구원(현, 신학대학원) 재학 중 당시 조직신학 교수님이셨던 신복윤 박사님(현, 합동신학대학원대학교 명예총장)의 추천으로 존 머레이의 「칼빈의 성경관과 주권사상」(기독교문서선교회, 1976년)을 번역하는 영광을 얻었습니다. 존 머레이는 성경적 칼빈주의자로서 미국 웨스트민스터 신학대학원의 조직신학 교수로서 대단히 유명한 분이셨습니다. 그분의 저서를 번역한 것은 저에게는 과분한 복이었습니다.

그 후로 골든 클락의 「장로교인들은 무엇을 믿는가?」, 윌리암슨의 「웨스트민스터 신앙고백서 강해」, 월레스의 「칼빈의 기독교생활 원리」, 칼빈의 「로마서」, 레이몬드의 「최신조직신학」과 「개혁주의 기독론」, 홀과 릴벡의 「칼빈의 기독교강요 신학」그리고 브루스의 「신약사」 등 25권의 책들을 번역했습니다. 하나님의 넘치는 은혜였습니다.

이같은 훌륭한 저서들을 번역하게 된 것이 계기가 되어 「칼빈의 기독교강요 개요」「웨스트민스터 신앙고백서」「기독교의 정석」「기독교 신앙의 진리」「명쾌한 기독교신학과 생활」「로마서」「영성과 경건」「현대신학평가」「성경에서 계시를 받다」「성경에서 하나님을 만나다」「성경에서 인생을 찾다」「성경에서 예수님을 알다」「성경에서 구원의 행복을 누린다」「성경에서 교회와 종말을 배운다」등 30권의 책들을 저술하게 되었습니다. 하나님께서 이 모든 일을 행하셨습니다.

1977년 3월 광주신학교(현, 광신대학교)에서 교수로 첫 발걸음을 내딛고, 1991년 9월 개혁신학연구원(현, 개신대학원대학교)에서 조직신학 교수와 총장의 직분으로 번역과 저술과 강의를 해 온 지 36년 만에 지난 2013년 2월 28일에 정년퇴직을 하게 되었습니다.

36년의 교수생활 중에, 하나님의 은혜로 칼빈의 기독교강요와 웨스트민스터 신앙고백과 로마서를 집중적으로 관심을 갖고 가르쳤습니다. 그리고 특별히, 총신대학교 재학시절 어떤 교수님이 계시가 지금도 있고 방언 등 성령의 이적적 은사들이 지금도 행해진다고 가르쳐주셨으나, 총신대의 전통적 계시관과 은사에 대한 견해는 계시도 없고 방언 등 예언의 은사나 치유의 은사 등을 부정하였기에, 계시와 은사에 대해 관심을 갖게 되었습니다. 미국 카베난트 신학대학원에서 공부하던 때에도 어떤 교수님은 방언의 은사를 적극적으로 부정했으나, 다른 교수님은 인정한 일이 있어서 연구하는 일을 계속했습니다.

한편, 남미의 해방신학과 한국의 민중신학을 비판적으로 연구하는 가운데 그 신학들의 심각한 문제점을 알고서 놀랐지만, 그 신학들의 입장에서 한국의 보수적인 신학이 안고 있는 문제점을 볼 수 있게 되었습니다. 그래서 탁상신학 보다는 행동하는 신학과 공동체 신학에 관심을 가졌습니다.

"왜 한국의 교회, 특히 장로교회가 쇠퇴하고 있으며, 많은 반기독교 세력의 비판의 대상이 되고, 많은 젊은이들이 교회를 싫어하여 떠나고 있는가?" 이 문제를 놓고 목사요 신학자로서 많은 생각을 하였습니다. 우선, 한국의 보수적인 교회가 하나님의 나라에 관하여 우리의 마음속에 임하는 것만을 강조해 온 데 문제가 있음을 알았습니다. 즉, 심령천국만을 주로 강조해왔습니다. 예수님은 하나님의 나라를 하나님의 의와 함께(마6:33) 언급하여 가르치셨으나, 우리는 하나님의 행동하는 의(정의, 공의, 공정)를 몰랐습니다. 누군가가 정의를 말하면, 신복음주의자로 정죄하고 비난했으며, 그래서 1974년 복음주의자들이 선언한 로잔언약을 사실상 거부했습니다. 한국의 보수적인 교회와 신학이 하나님의 사회적 정의 실현에 무관심하고 부정적 태도를 보임으로써 반기독교 세력들에게 비난을 받게 된 것입니다. 우리의 신학이 탁상신학(desk theology)에 머물고 행동하는 신학(doing theology)을 도외시한 것이 우리의 치명적인 문제점입니다. 그래서 목적이 이끄는 행동하는 신학에 관심을 갖고서 연구해 보았습니다.

그리고 한국의 보수적인 교회들이 성경의 계시와 성령의 은사에 관하여 크게 오해하여 가르쳐 온 것이 교회 쇠퇴현상의 한 원인이 된 것을 알게 되었습니다. 하나님의 성경의 계시는 항상 있고 살아있으며 활동력이 있고, 독자적 신임성이 있습니다. 그런 까닭에 하나님의 계시는 지금도 그리고 항상 있으며, 계시의 활동은 종결됨이 결코 없습니다. 예수 그리스도외에 하나님의 새로운 다른 계시가 없다는 말을 오해하여 하나님의 계시가 없다고 주장하는 것은 하나님의 살아계심과 활동하심을 부인하는 것입니다. 단지 구약 시대에 사용된 계시의 방식(메시아에 대한 약속, 모형, 희생 제사)이 메시아의 성육신으로 말미암아 종결된 것뿐입니다. 계시의 실체이신 그리스도가 육신을 입고 오셔서 계시해 주심으로 구약시대에 사용된 바 메시아에 대한 그림자와 모형들이 더 이상 필요 없게 된 것입니다. 다시 말해서, 하나님의 계시 자체가 종결된 것이 아니고, 계시의 구약의 방식만이 종결된 것뿐입니다.

그런가하면, 성경이 본래 가지고 있는 독자적 신임성(self-authenticity)으로 말미암아 성경의 저자이신 하나님 자신에 의해 성경 자체가 하나님의 계시로 확증된 것이며, 교회나 어떤 기적과 표적들에 의하여 결코 확증되는 것이 아닙니다. 그럼에도 불구하고 한국의 보수적인 교회의 신학자들은 기적과 표적들에 의하여 성경이 하나님의 계시인 것으로 확증될 필요가 있었다고 생각했습니다. 지금의 정경은 하나님의 기적과 표적들에 의하여 하나님의 계시로 사도시대에 충분하게 확증된 까닭에, 기적과 표적 행함이 사도시대 이후로는 하등에 필요 없게 되었다고 주장해 왔습니다. 다시 말해서 방언과 치유와 악령 쫓아내는 일 등이 전혀 필요가 없으므로 이러한 은사들이 이제는 중지되었다는 것입니다. 이 신학자들은 계시가 충분하게 확증되었으므로 하나님의 계시가 종결되었고, 또 기적적 능력적 은사들(치유, 악령 쫓아내는 일 등)과 계시적 은사들(예언, 환상, 꿈)과 방언의 은사 또한 지금은 중지되고 없다고 했습니다.

이로써 한국의 보수적인 교회들의 신학자들은 하나님의 살아있는 계시의 항상성과 활동성을 부인하고, 성령의 능력적 은사들과 계시적 은사들을 소멸시켰습니다. 이로 인하여 한국의 보수적인 교회들이 성장하지 못하고 쇠퇴한 것으로 여겨집니다. 그런가 하면, 일부 이단 연구가들은 계시종결론과 은사중지론에 근거하여 여러 목회자들과 교회들을 이단으로 정죄하는 어리석음을 범했습니다.

이같은 이유들로 말미암아, 본서는 행동하는 신학과 계시의 항상성과 활동성 등에 관심을 두고 있습니다. 36년의 교수생활을 통해서 한국교회를 위해 기도하고 연구한 결론을 성경에서 발견하여 내렸습니다. 본서가 한국교회의 부흥과 발전에 도움이 될 수 있기를 소원합니다.

본서의 원고를 타이핑해 준 변혜원 자매와 편집하는 일에 수고한 도서출판 에페코북스 박정자 권사님과 편집부 여러분에게 깊은 감사를 드립니다.

본서를 통해 저자의 학문적 기반을 닦아준 광주고등학교 졸업 (1964년 1월 24일)을 기념하고 싶습니다.

2014년 9월
공주고등학교 졸업 50주년을 기념하며
저자 나 용 화

들어가는 말

│ 성경에서 계시를 받다 │

"여호와께서 호렙의 불길 속에서 너희에게 말씀하시던 날,
너희가 어떤 형상도 보지 못했음을
깊이 명심하여라." (신명기 4:15)

"여호와께서 실로에 다시 나타나셨는데,
여호와께서 실로에서 여호와의 말씀으로
사무엘에게 자신을 나타내셨다." (사무엘상 3:21)

하나님이 우리의 창조주 아버지이신 것과, 예수님이 그리스도이
시고 구주 하나님의 아들이신 것을 누리게 하는 학문이 바로 신학
이다. 신학은 하나님과 그가 보내신 자 예수 그리스도를 이론으로
만 가르치는 학문이 결코 아니다. 하나님 아버지와 그의 유일한 아
들 예수 그리스도를 알고 믿게 하며 신뢰하고 순종하게 하는 바 행
동하는 학문이 신학이다. 우리는 이 신학을 오직 성경에서 찾는다.
오직 성경만이 행동하는 신학을 가능하게 한다. 우리가 성경에서
하나님을 찾아 알고, 그의 유일한 아들 예수 그리스도를 영접하여
사랑하게 되면 행복과 기쁨이 우리를 찾아온다.

성경은 하나님을 깊이 있게 체계적으로 가르치는 신학의 원천이

다. 성경 안에 신학이 담겨있다. 성경에서 신학이 체계화된다. 그러므로 우리는 성경에서 하나님의 계시를 깨달아 하나님과 그의 유일한 아들 예수 그리스도를 깊이 있게 알고 만나는 것이다.

성경에 의하면, 기독교는 하나님의 말씀 계시의 종교이다. 에덴의 동산에서 하나님은 아담에게 명령하여 말씀하시기를 "그 동산의 나무에서 나는 모든 것을 자유롭게 네가 먹을 수 있으나, 선과 악을 알게 하는 나무의 열매는 먹지 마라. 네가 거기서 나는 것을 먹는 날에는 반드시 죽을 것이다."(창2:16~17) 하셨는가 하면, "사람이 홀로 있는 것이 좋지 않으니, 내가 그를 위하여 돕는 배필을 만들겠다"(창2:18)고 말씀하셨다. 믿음의 조상 아브라함에게는 "너는 네 땅, 네 친족, 네 아버지 집에서 떠나 내가 네게 보여줄 땅으로 가라"(창12:1)고 하나님께서 말씀하시자, 그는 순종하여 마침내 가나안 땅으로 들어갔다. 이때 여호와께서 아브라함에게 말씀하시기를 "내가 이 땅을 네 후손에게 주겠다"(창12:7) 하셨다.

하나님의 큰 구원 사건인 출애굽의 지도자였던 모세에게도 하나님은 미디안 광야에서 그에게 나타나셔서 "나는 너의 조상들의 하나님, 곧 아브라함의 하나님, 이삭의 하나님, 야곱의 하나님이다 … 이제 가거라. 내가 너를 바로에게 보내어, 네가 내 백성 이스라엘 자손을 이집트에서 인도하여 내게 하겠다"(출3:6, 10) 말씀하시고, "나는 나이다"(출3:14)라고 자기를 계시하셨다. 출애굽 이후 호렙산에서 불 가운데서 하나님은 말씀하시면서 언약을 선포하시고 십계명을 주셨다(신4:13, 15).

하나님께서는 이렇듯 모세와 친구에게 말하듯이 대면하여 말씀하셨고(출33:11), 입과 입을 마주하여 명백한 말씀으로 자신을 나타내셨다(신7:89, 12:8). 그리고 여호와 하나님의 말씀이 희귀하고 환상도 자주 나타나지 아니하던 제사장 엘리의 때에 하나님은 실로에서 사무엘에게 말씀으로 자신을 나타내셨다(삼상3:21).

신약의 경우도 하나님의 말씀이 광야에서 세례자 요한에게 임하였고(눅3:2), 예수님도 하나님의 말씀인 성경을 붙잡고 사탄의 시험을 이기셨으며(눅4:1~13) 하나님 나라의 복음을 선포하셨다(눅4:43). 사도들도 성령으로 충만하여 하나님의 말씀을 담대하게 전하며 가르쳤다(행4:31). 특히 바울의 경우를 보면, 하나님의 나라를 강론하되, 모세의 율법과 선지자들의 글, 곧 성경 말씀을 가지고 주예수 그리스도에 관한 것들을 담대하게 가르쳤다(행28:23, 31).

아버지 하나님께서 때를 따라 말씀으로 자신을 계시하기를 기뻐하시고, 그의 유일하신 아들 예수 그리스도께서도 하나님의 말씀을 가지고, 그 말씀을 통해서 성령으로 아버지 하나님을 계시한다(마11:25~27). 지혜와 계시의 성령은 성경 말씀을 가지고 우리의 마음의 눈을 밝히셔서 하나님을 알도록 계시하시고(엡1:17), 예수님의 하신 말씀들을 가르치시고 생각나게 하신다(요14:26). 성령님이 예수님을 증언해 주시는 것이다(요15:26). 그리고 성령님은 우리를 모든 진리 가운데로 인도하시고 앞으로 올 일들을 알려 주신다(요16:13). 이처럼 아버지 하나님과 성자 예수님은 성령을 통하여 성경 말씀을 가지고 구약 시대나 신약 시대는 물론이고 지금도 그리고 주님께서 오실 때까지 자신을 계시하시는 것이다.

그래서 웨스트민스터신앙고백은 진술하기를, 그리스도께서는 자신이 값을 치루고 구속하신 모든 사람들을 위하여 대언하시고, 말씀으로 그리고 말씀을 통해서 그들에게 구원의 비밀들을 계시하여 믿고 순종케 한다(8장 8항)고 하였다. 또한 그리스도께서는 영원한 선지자로서 "교회의 건덕과 구원에 관한 모든 일에 있어서 하나님의 온전한 뜻을, 모든 세대에 성령과 말씀을 통해서 여러 가지의 시행 방법으로, 교회에게 계시하심으로써 선지자 직분을 수행하십니다."(대요리 43문답)고 하였다.

웨스트민스터신앙고백과 관련하여 하나님의 계시에 대하여 우리가 유의해야 할 것이 있다. 이 신앙고백의 진술에 의하면, 구약의 계시의 방식, 곧 오실 메시아에 대한 약속(promises)과 예표(types)와 희생제사(sacrifices) 등 구약의 계시의 방식(ways)이 종결되었다 (1장 1

항 ; 참고, 히9:9~10). 하나님의 계시 행위 자체가 종결된 것이 결코 아니다. 그럼에도 불구하고, 이 신앙고백의 1장 1항을 오해하여 하나님의 말씀 계시 자체가 종결된 것처럼 가르치는 자들이 있다. 이같은 오해는 기독교가 말씀 계시의 종교임을 사실상 부인하는 것이다. 하나님의 계시의 경우, 구약의 계시의 방식들은 종결되었으나, 계시의 수단(means), 곧 일반계시의 수단인 인간의 본성과 자연계의 현상들과 인간의 역사, 그리고 특별계시의 수단인 신현(theophanies)과 예언(communications, 또는 oracles)과 이적(miracles 또는 signs)은 항상 있다. 성경이 정경으로 교회에서 인정된 이후 그 수단들이 결코 종결된 것이 아니다. 하나님의 말씀 계시는 항상 있으며 따라서 종결될 리가 없는 것이다. 예수 그리스도께서 성령을 통해서 성경을 가지고 아담 때부터 지금도 항상 말씀하시고 계시하신다(참고, 벌코프, 「기독교신학개론」 p.186 ; 브루스 밀른, 「기독교교리 핸드북」 pp.34~35 ; 에릭슨, 「복음주의조직신학」상(서론·신론), pp.284~285 ; 스탠리 그랜즈, 「하나님의 비전」 pp.187~192 ; 칼빈, 「기독교강요」 Ⅰ.vi.1 ; Ⅰ.ix.3 ; 존 머레이, 「칼빈의 성경관과 주권사상」 p.58).

이렇듯 기독교는 역사 속에서 창조와 구원 사건들을 통하여 하나님이 주신 계시의 말씀들에 근거하여 하나님을 예배하고 그 말씀에 순종하여 사는 종교이다. 기독교는 하나님의 계시의 말씀이 불교나 이슬람교의 경우처럼 한 인간의 명상이나 지혜를 통해서 얻어지는 것이 결코 아니고, 오랜 역사 속에서 창조와 구원 사건을 통하여 주어지는가 하면 그 말씀이 역사 속에서 실현되어 그것의 진실성과 권위가 확증된다. 그래서 성경은 말하기를, "그 선지자가 여호와의 이름으로 말한 것이 그대로 이루어지지 않고 실제로 실현되지 않으면, 그 말은 여호와께서 하신 말씀이 아니다. 너는 자기 마음대로 말하는 그 선지자를 두려워하지 마라."(신18:22)고 하였다. 대표적으로 예를 들어보자면, 시편19:1~6과 104편과 136:1~9은 하나님의 창조 사역을 통해서 주어진 계시를 인하여 창조주 하나님을 노래했고, 시편 19:7~14와 105편과 136:10~24는 하나님의 구속 사역을 통해서 주어진 계시를 인하여 구속주 하나님을 감사 찬송했다. 이렇듯 기독교는 하나님의 창조와 구속 사역의 역사를 통해 주어진 계시에 근거한 종교이다.

기독교가 하나님의 말씀 계시의 종교인데 반하여, 이방 종교는 우상 숭배의 종교이다. 사람의 형상이나 땅의 짐승의 형상이나 공중의 새와 물 속에 있는 물고기의 형상으로 우상을 만들어 섬기는 것이다(신4:16~18). 심지어는 기어다니는 동물의 형상으로 우상을 만들기도 하고(롬1:23), 사람의 기술과 생각을 따라 조각한 금상이나 은상이나 석상(돌로 만든 형상)을 만들어 섬긴다(행17:29). 이같은 우상들은 보지도 못하고 듣지도 못하고 먹지도 못하고 냄새도 맡지 못하는(신4:28) 것이어서, 이방 종교에는 말씀 계시가 없고, 따라서 십계명과 같은 신앙과 도덕과 윤리가 없다.

이방의 종교가 우상숭배의 미신이거나 개인의 명상을 통한 깨달음의 철학(골2:8)인데 반하여, 기독교는 역사를 통한 하나님의 말씀 계시의 종교이다.

천지 창조와 구원 사역을 통해서 뿐만 아니라 말씀을 통해서(시편19편) 하나님은 자기를 계시하신다. 사무엘에게 말씀으로 하나님이 자기를 계시하신 것처럼(삼상3:21), 아담과 노아와 아브라함과 모세와 많은 선지자들에게도 말씀으로 계시하셨다. 세례자 요한에게도(눅3:2), 성자 예수님에게도(눅3:22) 말씀으로 하나님은 나타나셨다. 지금도 말씀을 선포하시는 가운데 하나님은 자신을 계시하신다(딤후4:2).

오늘도 하나님은 말씀하고 계시고(살전2:13), 그 말씀은 활동하여 하나님의 살아계심과 능력을 나타내는 것이다.

Contents

1장

목적이 이끄는 행동하는 신학

내가 복음을 부끄러워하지 아니하노니 이 복음은 모든 믿는

자에게 구원을 주시는 하나님의 능력이 됨이라 먼저는 유대

인에게요 그리고 헬라인에게로다 (로마서 1 : 16)

종교개혁자 칼빈은 그의 대표적 저작인「기독교강요」를 저술할 때 분명한 목적을 가지고 했다. 자기의 동족 프랑스인 그리스도인들이 로마가톨릭교회의 미신적인 맹신과 맹종의 부패한 종교에 항거하다가 프랑스 왕정의 핍박을 당하자 스위스로 피난 갔다. 칼빈 자신도 개혁 신앙을 위해 항거하다가 스위스로 피난을 가지 않을 수 없었다. 그는 개혁 신앙을 위해 헌신된 동족 프랑스인 성도들뿐만 아니라 유럽의 개혁 신앙인들을 위하여 성경을 가지고 기독교의 복음적 교리를 명쾌하게 가르쳐야할 필요를 느꼈다. 그래서 그가「기독교강요」를 27세의 나이에 처음 출간하였고, 23년의 세월에 걸쳐 내용을 보완해 가면서 제5판을 출간했다.

그가「기독교강요」를 저술한 것은 기독교의 교리들을 단순하고 명쾌하면서도 체계적으로 설명해 줌으로써 성도들이 성경에 쉽게 그러면서 깊이있게 접근하여 로마가톨릭교회의 미신적 맹신의 덫에 걸려 넘어지지 않게 하려는 목적에서였다. 그리고 하나님의 교회를 위한 경건의 능력이 있는 사역자를 훈련하고 육성하여 세상을 변화시키고 하나님의 나라를 세우려 했던 것이다. 한편, 개혁 신앙을 추종하는 신자들을 핍박하는 자들의 억지스러운 비난을 성경적으로 논박하고자 함이었다.

이렇듯 칼빈의 신학은 분명한 목적이 있었고, 목적이 있었기에 그의 신학은 하나님의 나라와 의를 구하여 실현하는 바 행동하는 신학이었다. 그의 신학은 성경에서 나왔고 성경으로 되돌아가는 것이었다. 그리고 성도들의 신앙을 성경적으로 굳게 세우고 구원의 확신을 가지고서 하나님 나라를 위해 헌신하도록 하였다.

그런데, 칼빈의 경우 우리가 주목해야 할 사실은 그가 본래 목사로서 종교 개혁 운동을 하였고, 신학교의 정교수 및 신학자로서 하지 아니한 점이다. 그는 본래 제네바 아카데미의 신학 교수가 아니라 프랑스인 피난민 성도들 중심의 교회의 목사로서 종교 개혁 운동을 주도했던 것이다. 그가 신학자요 신학 겸임 교수인 것은 더 좋은 목사가 되기 위함이었다. 즉, 그가 신학을 가르치고, 「기독교강요」를 저술한 것은 더 좋은 목회를 통하여 부패한 교회 뿐 아니라 세상을 개혁하고 변화시켜 하나님의 나라를 확장하고, 하나님의 의를 실현하기 위함이었다. 그의 경우 신학은 신앙의 종이요, 교회 개혁의 방편이요, 하나님의 나라와 의의 실현을 목적으로 한 실천적 행동이었다.

칼빈의 종교개혁운동이 세상과 교회를 변화시킬 수 있었던 것은 그의 신학이 목적이 이끄는 행동하는 신학이었기 때문이다. 그리고 그가 그같은 신학을 할 수 있었던 것은 그가 본래 목사로서 교회에서 성도들을 섬기고 하나님의 말씀을 선포하고 가르치며, 목회 현장에서 악한 세력들을 대적하여 싸우는 가운데 하나님의 말씀의 권세 뿐 아니라 복음의 능력과 예수 그리스도의 이름의 권세를 경험했기 때문이다. 그는 본래 성경 주해와 강해와 설교하는 일에 주력했고, 신학을 가르치고 저술하는 일은 부수적이었다. 그런 까닭에, 그의 신학은 철두철미하게 성경적이었고, 실천적이었으며, 하나님의 나라와 의를 구하는 것이었다.

이에 반해서, 오늘날 한국의 신학자들은 대부분 목사로서 성경을 가지고 교회를 섬기지 않고 있다. 칼빈과는 대조적이다. 그런 까닭에, 한국의 신학자들의 신학은 이론적 탁상 신학이 되는 경향이 있고, 목적이 이끄는 행동하는 신학이 되지 못하기 쉽다.

우리가 지향해야 할 신학은 칼빈의 경우처럼 목적이 이끄는 행동하는 신학이어야 한다. 교회로 하여금 하나님의 나라와 그의 의를 구하게 하고, 성도들의 신앙을 튼튼하게 하여 구원의 확신을 가지고 하나님의 영광을 위해 헌신하며 살게 하는 신학이어야 한다.

1. 무엇을 위해 신학을 하는가?(신학의 목적)

> 오직 이것들을 기록하는 것은 너희들이 예수께서 그리스도이시며, 하나님의 아들 이심을 믿게 하려는 것이고, 또 너희로 믿고 그분의 이름을 힘입어 생명을 얻게 하려는 것이다. (요한복음 20 : 31)

신학은 믿음뿐만 아니라 이성을 통해서 성경을 체계적으로 연구하는 이론적 학문에 그치는 것이 아니다. 하나님의 나라가 이루어지는 교회에서 하나님의 말씀의 권세가 행사되게 하는 바 목적이 이끄는 행동하는 실천적 학문이다. 그래서 우선, 신학의 원전(原典)인 하나님의 특별계시인 성경의 목적을 따라야 하고, 둘째, 신학의 핵심 주제(主題)인 예수 그리스도께서 이 땅에 사람으로 오신 목적을 따라야 하며, 셋째, 신학의 주체(主體)이신 하나님의 창조와 구원 사역의 목적을 따라야 하는 것이다.

신학은 하나님께서 가르치시되 하나님을 가르쳐 하나님께로 인도하는 (Theology is taught by God, teaches God, and leads to God.) 학문이

기 때문에, 신학하는 목적이 분명해야 한다. 목적이 없는 신학은 행동할 수가 없고, 이론에 그치는 탁상(卓上) 신학에 불과하다. 교회의 성장을 막는 가장 위험한 것은 다름 아닌 탁상신학이다.

성경을 기록한 선지자들과 사도들은 그들이 글을 쓸 때 분명한 목적을 가지고 썼다. 예컨대, 사도 요한의 경우를 보면, 그가 복음서를 쓴 목적이 나사렛 사람 예수님이 그리스도이시요 하나님의 아들 이심을 믿게 하고, 또 그분을 믿는 믿음으로 그분의 이름을 힘입어 영생을 얻게 하려는 것이었다(요 20:31). 바울이 로마서를 쓴 목적은 예수 그리스도가 하나님의 복음인 것을 알게 하고(롬 1:2-4), 하나님의 복음이 모든 믿는 자를 구원에 이르게 하는 하나님의 능력임을 가르쳐 주려는 것이었다(롬 1:16). 이렇듯 사도들이 성경을 기록한 데도 목적이 있듯이, 성경을 체계적으로 연구하는 신학도 목적이 있어야 한다. 목적이 이끄는 행동하는 신학이 교회를 살리는 신학이다.

1) 성경의 목적에 따른 목적

또 네가 어려서부터 성경을 알았으니, 성경은 능히 그리스도 예수님을 믿는 믿음으로 말미암아 너에게 구원에 이르는 지혜가 있게 한다. 모든 성경은 하나님의 영감으로 된 것으로, 교훈과 책망과 바르게 함과 의로 교육하기에 유익하니, 이는 하나님의 사람으로 온전하게 하며, 모든 선한 일을 위하여 준비되게 하려는 것이다. (디모데후서 3:15-17)

하나님께서 계시하여 기록하게 하신 성경(벧후 1:20)은 아담 이후로 지금까지 항상 있고 살아 있어 활동력이 있는 하나님의 말씀(히 4:12; 벧전 1:23)으로서 그리스도가 예수님이신 것을 증거하고 있다(참고, 마 1:16, "이 마리아에게서 그리스도라고 하는 예수께서 태어나셨다.") 구약에 나타나 있는 하나님의 구속 역사를 요약한 예수 그리스도의 족보를 마태가 소개하면서 "그분은 다윗의 자손이고 아브라함의 자손이다"(마 1:1)라고 한 데는 분명한 의도가 있다. 마태에 의하면, 구약에서 하나님이 약속하신 다윗의 자손이고 아브라함의 자손인 그리스도가 나사렛 사람 예수님으로 이 땅에 때가 차매 오셨다는 것이다. 이 그리스도는 다윗의 자손이시기에 하늘과 땅에 대해 왕권을 가지신 만왕의 왕, 만주의 주이시고, 이분으로 말미암아 하나님의 나라가 이 땅에 임하게 되었음을 마태는 강조하고자 아브라함의 자손이라는 호칭에 앞서 다윗의 자손이라고 했다. 그러면서도 마태는 다윗의 자손으로 만왕의 왕이신 그리스도가 하나님의 언약의 성취로서 아브라함의 자손으로 또한 오셨다는 것을 밝힌 것이다. 이로써, 그리스도라고 하는 예수님이 하나님의 언약의 구속 역사를 성취하러 오셨을 뿐 아니라, 하나님의 나라를 이 땅에 이루시는 왕으로 오셨음을 마태가 밝혔다.

이로 보건대, 구약에서 하나님이 언약을 따라 약속하신 그리스도가 때가 되어 마리아를 통해 나사렛 사람 예수님으로 오셨다고 하는 것이 바로 하나님의 계시요 복음이다. 그래서 하나님의 계시를 받아 베드로는 빌립보의 가이사랴에서 나사렛 사람 예수님을 고백하기를, "당신은 그리스도시며 살아계신 하나님의 아들이십니다"(마 16:16)라고 하였다. 그리고 마가도 그의 복음서의 서두에서 "예수 그리스도 하나님의 아들의 복음의 시작이다"(막 1:1)라고 말함으로써, 그의 믿음의 아버지인 베드로(벧전 5:13)의 신앙 고백대로 하였던 것이다.

이로 보건대, 신학의 우선적 목적은 칼빈의 「기독교강요」에서 밝힌 대로 성경의 핵심 교리에 쉽게 접하게 하는 것이다. 즉, 하나님의 계시의 핵심 내용인 그리스도라고 하는 예수님을 밝히 드러내는 것이 신학의 우선적 목적이다. 나사렛 땅에 사람으로 오신 이 예수님이 그리스도 곧 왕이요 제사장이요 선지자의 삼중직을 가지신 하나님의 아들의 권세를 가지고 하나님의 나라를 세우셨다. 그분이 세우신 하나님 나라를 신약의 사도들이 선포하였던 바, 이 하나님의 나라를 체계적으로 밝히 드러내는 것 또한 신학의 우선적 목적인 것이다.

　그런데 하나님이 성경을 주신 목적은 그리스도라고 하는 예수님을 믿는 믿음으로 말미암아 구원에 이르는 지혜를 얻게 하여 하나님의 나라와 그분의 의를 구하여 실현하게 하는 것이다(딤후 3:15-17). 바울이 디모데후서 3:17에서 언급한 바 "모든 선한 일"이란 잠언 2:9에 비추어 보면 "공의와 정의와 공정을 행하는 것"이다. 그러기에, 신학의 우선적 목적은 성경의 목적대로 그리스도라고 하는 예수님을 밝히 소개하고, 그분을 믿는 믿음으로 구원을 얻어 하나님의 나라와 의를 실현하게 하는데 있다. 이렇듯, 신학은 성경을 바르게 해석하여 복음의 진리를 확실히 알게 하여 하나님의 사람으로 성숙되고, 하나님의 나라와 의를 구하게 하는 것을 목적으로 한다.

2) 예수님의 목적에 따른 목적

예수께서 말씀하시기를 "때가 찼고 하나님의 나라가 가까이 왔으니, 회개하고 복음을 믿어라."라고 하셨다. (마가복음 1:15)

유대광야에서 40일간 금식 기도하는 가운데 사단의 시험을 이기신 그리스도 예수님께서는 성령의 능력을 입고서 공생애를 시작하게 되었다. 이 때 곧 바로 갈릴리 가버나움으로 오셔서 하나님의 복음을 선포하시면서, 회개하고 복음을 믿어 하나님의 나라와 그의 의를 구하라고 하셨다(막 1:15; 참고, 마 4:17,23; 6:33). 그래서 예수님의 산상설교의 핵심적 주제도 하나님의 나라이고, 그의 비유의 가르침의 핵심도 하나님의 나라이며(참고, 마 13장), 예수님의 사도인 바울의 핵심적 가르침도 하나님의 나라였다(행 28:31).

하나님의 나라는 복음 곧 나사렛 사람 예수님이 그리스도이심을 선포함으로서 이 땅에 임하였다. 그래서 베드로는 그의 첫 설교에서, 다윗의 예언대로 나사렛 사람 예수님이 십자가에 못 박히시고 죽은 자 가운데서 부활 승천하여 하나님의 보좌 우편에 앉으심으로 주님과 그리스도가 되셨다고 선포하였던 것이다(행 2:22-36). 두 번째 설교에서 베드로는 아브라함과 맺은 언약대로 아브라함의 자손으로 오셨고, 모세의 예언대로 선지자로 오셨으며, 사무엘과 그 뒤를 이은 모든 선지자들의 예언대로 고난을 받되, 빌라도에 의해 십자가형에 처하여 못 박혀 죽으셨으나 하나님께서 그분을 죽은 자 가운데 살리셨다고 선포했다(행 4:11-26). 베드로는 이 두 설교에서 아브라함과 모세와 다윗 그리고 여러 선지자들을 통해서 하나님이 예언하고 약속하신 바 구속의 역사(history of redemption)를 소개하였으며, 그 역사의 성취로 그리스도라고 하는 예수님이 하나님의 정한 때에 나사렛 사람으로 오셔서 십자가에 못 박혀 죽으시고 죽은 자들 가운데 부활하시어 하나님의 나라가 이 땅에 임하게 하셨다고 선포한 것이다.

예루살렘교회의 첫 순교자였던 스데반 집사도 아브라함과 하나님이 맺으신 언약과, 모세를 통해서 행하신 출애굽의 구속 사건과, 다윗을 통해서 세우신 하나님의 성소로 이어진 하나님의 구속 역사를 성취하신 예수 그리스도를 선포하였다(행 7:2-53). 그리고 바울의 첫 설교에도 보면, 하나님께서 믿음의 조상들에게 하신 약속의 복음을 선포하되, 아브라함과 모세와 다윗으로 이어진 하나님의 구속역사를 소개하고, 십자가에 못 박혀 죽으시고 부활하신 예수님이 그리스도이심을 증거하였다(행 13:16-41).

이로 보건대, 예수님이 이 땅에 사람의 몸으로 즉 나사렛 사람으로 오신 것은 우리의 구주 그리스도 하나님의 아들로서 십자가에서 못 박혀 죽으시고 죽은 자들 가운데서 부활하심으로 하나님의 구속 역사를 성취하여 하나님의 나라를 세우기 위함이었다. 그래서 베드로는 빌립보의 가이사랴에서 이 예수님을 "그리스도시며 살아 계신 하나님의 아들"이라고 고백했는가 하면(마 16:16), "우리 하나님, 곧 구주 예수 그리스도"(벧후 1:1) 및 "우리 주님, 곧 구주 예수 그리스도"(벧후 1:11; 2:20; 3:18)라고 그의 서신에서 말한 바 있었다. 마가도 예수님은 그리스도이시요 하나님의 아들이라고 소개한 것이다.(막 1:1).

예수님과 사도들의 복음 선포의 목적을 보아 알 수 있듯이, 이같은 복음 선포를 체계적으로 연구하여 진술하는 신학이 성경의 목적의 경우처럼, 복음 선포의 목적대로 하나님의 구속역사를 따라 예수님이 그리스도이심을 밝히고, 그를 통해 이루어진 하나님의 나라를 선포하는 것을 목적으로 하는 것이다.

3) 인생의 목적에 따른 목적

하나님께서 그 지으신 모든 것을 보시니, 보시기에 매우 좋았다. 저녁이 되고 아침이 되니, 여섯째 날이었다.(창세기 1:31)

하나님께서 천지와 그 가운데 만물을 지으시되, 특별히 사람을 자기의 형상으로 창조하고서 보시니 보시기에 매우 좋았다라는 말 속에는 행복했다는 뜻이 담겨있다. 그래서 신명기의 말씀을 보면, "이스라엘아, 지금 여호와 네 하나님께서 네게 요구하시는 것이 무엇이냐?… 네가 행복하게 되도록 오늘 내가 네게 명하는 여호와의 명령과 규례를 지키는 것이 아니냐?"(신 10:12-13) "이스라엘아, 행복한 자이다. 여호와께 구원을 받은 백성아, 너와 같은 자가 누구냐?" (신 33:29)라고 하였다. 하나님께서 창조하시고 구원하신 백성은 행복하게 되어 있는 것이다.

하나님께서 자기의 영광을 위하고(사 43:7) 자기의 찬송을 부르게 하려고 사람을 창조하셨는 바(사 43:21), 하나님께 영광을 돌리고 그를 찬양하는 것이 사람의 목적이다(사 42:12). 사람은 먹든지 마시든지 무엇을 하든지 하나님의 영광을 위하여 해야 하고(고전 10:31), 하나님을 자랑해야 하며(고전 1:31; 고후 10:17), 하나님을 기뻐하되(롬 5:11), 하박국 선지자처럼 어떠한 환경이나 형편에서도 하나님을 즐거워하고 기뻐해야 한다(합 3:18). 요약하자면, 사람을 하나님이 창조하신 목적은 하나님께 영광을 돌리고 그분을 기뻐하고 즐거워함으로 행복해 하는 것이다. 그래서 웨스트민스터 대소요리 제1문답은 인생의 제일되는 목적이 하나님께 영광을 돌리고 그분을 영원토록 충만하게 즐거워하는 것이라고 진술했다.

이로 보건대, 신학의 목적도 사람의 행복을 추구하는 데 있다. 사람으로 하여금 하나님의 나라와 그분의 의를 구하여 행하는 가운데 하나님께 영광을 돌리고 하나님을 기뻐하며 즐거워함으로 행복을 누리게 하는 것이 신학의 목적이다. 하나님께 영광을 돌리고 즐거워하는 가운데 누리는 인생의 행복이 신학의 목적인 것이다.

2. 성경에서 신학을 찾다(신학의 정의와 원리)

> 모세와 모든 선지자들로부터 시작하여 모든 성경에 있는 자신에 관한 것들을 그들에게 자세히 설명해 주셨다. (누가복음 24 : 27)

성경을 배제하는 신학은 왜곡되기 쉽다. 기독교 신학 가운데 가장 위험한 것은 광신주의와 교조주의이다. 광신주의는 자기의 주관적 체험(예, 꿈이나 환상, 방언과 예언의 은사, 축사 사역 등)을 성경 위에 놓음으로써 성경을 넘어가거나 성경에 배치되는 주장을 한다. 이에 비하여, 교조주의는 자기가 고집하는 교리나 전통(예, 로마가톨릭교회의 사제 독신주의, 일부 보수주의 신학자들의 은사중지론, 자유주의자들의 역사적 예수 연구 등)을 성경 위에 놓는다. 이같은 신학들은 성경보다 자기들의 체험이나 주장을 앞세움으로 신학으로서의 가치를 상실했다.

건전한 신학은 반드시 성경에서 출발해야 한다. 성경의 사실들과 교훈들을 충분하게 살펴 역사적 문법적으로 연구하고 해석할 뿐 아니라, 성경의 목적에 비추어 체계적으로 기술되어야 한다. 그리스도인들의 영적 체험 뿐 아니라 교리적 주장도 성경에 근거하여 철저하게 검증하고 온전하게 해석해야 한다.

1) 신학의 정의

영생은 이것이니, 곧 유일한 참 하나님이신 아버지를 아는 것과, 아버지께서 보내신 예수 그리스도를 아는 것입니다.(요한복음 17:3)

신학은 하나님께서 친히 가르치시되, 하나님을 가르치고, 하나님을 아는데 이르게 한다(Theology is taught by God, teaches God, and leads to God). 이 신학은 문자적으로 정의하면, 하나님의 학문(science of God)으로서 하나님과 하나님의 하시는 일을 성경에서 합리적으로 체계적으로 연구하는 학문이다. 그러나 신학의 주체이시자 대상이요 목적이신 하나님이 바로 생명 자체요, 그 안에 생명이 있으신 분이며(요 1:4), 생명을 살리는 분이실 뿐 아니라(고전 15:45), 사랑 자체요(요일 4:16) 사랑하시는 분이시기 때문에(요일 4:11), 신학은 단순한 이론적 학문만이 결코 아니다. 특히, 생명이신 하나님과 그분이 보내신 자 예수 그리스도를 알고 사귐을 갖는 것이 영생이요(요 17:3), 예수 그리스도께서 이 땅에 오신 목적이 자기 백성에게 풍성한 생명을 주시는 것이며(요 10:10), 그를 믿는 자마다 사망에서 생명으로 옮겨 주는 것이기 때문에(요 5:24), 신학은 생명의 학문이다.

그리고, 하나님이 사랑 자체이시요, 사랑을 하시는 분이시기 때문에, 신학은 머리로 하는 것이라기보다는 가슴으로 느끼고 체험하는 학문이다. 시편 86:2-5에 보면, 하나님의 사랑을 아는 것이 경건이요, 그 사랑을 알고 덧입는 자가 성도이다(참고, 롬 1:7). 그러기에, 신학은 최선의 윤리가 있는 경건의 학문이다. 기독교 신앙이 없는 윤리 도덕은 가능하나, 실천적 행동하는 윤리가 없는 기독교 신앙과 신학은 있을 수가 없다. 윤리 없는 기독교 신앙은 이미 참된 신앙이 아니고, 경건이 없는 신학은 미신이다.

요약하자면, 기독교 신학은 생명과 사랑이신 하나님과 그분의 하시는 일에 관한 것이기에 생명과 경건의 행동하는 학문이다.

2) 신학의 원리

내 어머니의 태로부터 나를 따로 세우시고 은혜로 나를 부르신 하나님께서 자기 아들을 이방인들 가운데 전하게 하시려고 그분을 내 안에 나타내기를 기뻐하셨을 때, 나는 곧 혈육과 의논하지도 않았고, (갈라디아서 1:15-16)

세속적인 철학은 사람이 가르치되, 사람을 가르치고, 사람을 아는데 이르게 한다(Secular philosophy is taught by man, teaches man, and leads to man). 그래서 철학의 주체와 대상과 목적은 사람 자신이다. 사람이 이성을 가지고 자연과, 그 자연의 한 부분인 사람을 자료로 삼아 사람을 체계적으로 연구하여 사람을 아는데 이르는 것이 철학인 것이다. 이에 반하여, 신학은 하나님이 가르치시되, 하나님을 가르치고, 하나님을 아는데 이르게 한다(Theology is taught by God, teaches God, and leads to God.). 그래서 신학은 하나님이 주체가 되시어 하나님의 특별계시인 성경을 자료로 삼아 성령의 내적 증거와 믿음을 통해서 하나님을 연구하여 하나님을 아는데 이르는 학문인 것이다. 이로써, 신학을 하는 데에 세 가지 원리가 있다.

첫째, 신학의 본체적 원리 : 세속적 철학의 본체적 원리가 사람인 데 반하여, 신학의 본체적 원리 곧 주체는 하나님 자신이시다. 예수님께서 말씀하신 대로, "내 아버지께서 모든 것을 내게 맡겨 주셨으니, 아버지 외에는 아무도 아들을 알지 못하며, 아들과 그 아들의 계시를 받는 자 외에는 아무도 아버지를 알지 못합니다"(마 11:27). 즉, 하나님께서 아들이신 예수 그리스도를 통해서 자신을 계시해 주셔야만 우리가 하나님을 알 수 있게 된다. 그래서 요한이 말하기를, "일찍이 아무도 하나님을 보지 못하였으나 아버지의 품속에 계신 유일하신 하나님(곧 예수 그리스도)께서 나타내 보이셨다"(요 1:18)고 하였다.

뿐만 아니라, 아버지 하나님께서는 자기 아들을 계시하시기를 기뻐하신다(갈 1:16). 하나님은 자기의 비밀이요 영광의 소망인 그리스도를 온전히 계시하시기를 기뻐하시는 것이다(골 1:27; 2:2). 그리고 성령 하나님께서 하나님을 아버지로 알고 부르게 하는가 하면(롬 8:15), 예수님을 주님으로 알고 믿게 한다(고전 12:3). 이렇듯, 성부 하나님은 성자 예수 그리스도를, 성자 예수님은 성부 하나님을, 그리고 성령 하나님은 성부 하나님과 성자 하나님 예수 그리스도를 역사 속에서 항상 지금도 계시하시는 것이다. 이로 보건대, 삼위 하나님께서 스스로 알려 주시지 아니하면 우리로서는 삼위 하나님을 알 수가 없기에, 신학의 본체적 원리는 하나님 자신이시다.

둘째, 신학의 객관적 인식의 원리 : 세속적 철학의 경우 객관적 인식의 원리는 자연과, 자연의 한 부분인 사람이다. 그러나 신학의 경우는 하나님의 특별계시인 성경이 신학의 객관적 인식의 원리, 곧 교과서이다. 하나님의 창조세계에 하나님의 지혜와 능력이 나타나 있고, 하나님을 알만한 지식, 곧 신 의식(awareness of God) 또는 종교의 씨(seed of religion)가 사람의 본성에 나면서부터 본래 있기 때문에 아무도 하나님을 모른다고 변명할 수가 없다(롬 1:19-20). 그러나 이같은 창조 사역과 인간의 본성을 통해서 얻은 지식은 구원을 얻는 지혜를 주기에 불충분하기 때문에, 하나님께서는 특별계시인 성경을 주시어 하나님 자신과 성자 예수 그리스도를 충분하게 계시하여 구원에 이르는 지혜를 얻게 하고, 이로써 하나님의 자녀의 권세를 얻어 하나님 나라를 유업으로 얻게 하시는 것이다(참고, 딤후 3:15). 하나님 아버지와 성자 예수 그리스도를 계시하고 있는 성경이 (참고, 요 5:39) 신학의 객관적 인식의 원리, 곧 교과서이다.

셋째, 신학의 주관적 인식의 원리 : 세속적 철학의 경우 주관적 인식의 원리는 사람의 머리, 곧 이성이다. 이성을 가지고 사람이 사람을 연구한다. 그러나 신학의 경우는 하나님이 우리의 눈을 열어 성경을 깨닫게 해주셔야 한다(참고, 시 119:18,27,33). 엠마오로 가던 두 제자들의 경우에서 알 수 있듯이, 그리스도께서 성경을 열어 주실 뿐 아니라 그들의 마음을 열어 성경을 깨닫게 하신다(눅 24:32,45). 특별히, 성경을 열어 주시고 우리의 마음의 눈을 열어 하나님의 진리의 말씀을 깨닫게 하시는 분은 진리와 계시의 영이신 성령님이시다 (엡 1:17,18). 보혜사 성령님이 진리의 영으로서 하나님의 말씀을 깨닫게 하시고(요 14:26), 예수님을 증언하시며(요 15:26), 모든 진리 가운데로 인도하여 알려 주신다(요 16:13). 성령이 아니고서는 우리가 믿음을 가질 수 없고(고전 2:4-5), 하나님의 깊은 비밀, 곧 예수 그리스도를 깨달을 수도 없다(고전 2:10; 12:3; 골 2:2). 이로 보건대, 성령님께서 사람들의 눈을 밝혀 하나님의 특별계시인 성경을 깨닫게 하고, 믿음을 심어 주어 믿음으로 구원에 이르는 지혜를 얻게 하는 까닭에, 성령의 내적 증거와 하나님의 특별계시에 의존하는 믿음이 신학의 주관적 인식의 원리이다. 신학은 하나님의 은혜 없이는(엡 2:8), 성령 없이는(고전 2:10), 그리고 믿음 없이는(갈 5:5-6) 할 수가 없는 것이다.

3. 행동하는 신학(신학의 요소와 성격)

> 스데반이 은혜와 능력이 충만하여 백성들 가운데 매우 놀라운 일들과 표적들을 행하였다.(사도행전 6 : 8)

베드로의 첫 설교를 보면, 그는 성령으로 충만하고 요엘의 예언의 말씀을 확실하게 알고서 인용하여 큰 확신을 가지고 복음을 선포했을 뿐 아니라(행 2:14-36), 성경을 가르치기를 힘썼고(행 2:42), 믿는 자들로 하여금 재산과 소유를 팔아 각 사람에게 필요한 대로 나누어 주어 사랑을 행하게 하였다(행 2:45). 집사 스데반도 성령과 은혜와 능력으로 충만하고(행 6:5, 8, 10), 성경을 깊이있게 알고 전하였으며(행 7:2-43), 구제하는 일을 맡아 힘썼다(행 6:3-6).

이로 보건대, 베드로와 스데반과 같은 예수님의 제자들은 성령으로 충만하고, 예수 그리스도를 통하여 하나님 아버지를 깊이 알고 체험하였을 뿐 아니라, 성경과 복음의 진리를 확실하게 알고 있었다.

그래서 18세기 미국의 위대한 부흥가요 칼빈주의자였던 조나단 에드워즈(Jonathan Edwards)는 그의 저서 「신앙과 정서」(The Religious

Affections)에서 말하기를, 참된 신앙은 체험을 통하여 얻어지고 은혜로운 정서를 동반하며, 신앙의 핵심인 사랑은 정서적인 역동성을 동반하며, 신앙의 뜨거운 정서는 성경으로 검증되어야 하며, 신앙에는 지식의 빛과 정서의 열이 동시에 있어야 하며, 거룩한 정서는 실천하는 행동이 따라야 한다고 하였다. 그리고 20세기 영국의 위대한 설교자인 로이드 존스(Lloyd Jones)는 그의 저서「성령 세례」(Joy Unspeakable: The Baptism with the Holy Spirit)에서 광신주의와 교조주의의 위험을 경계하면서 말하기를, 우리가 우리의 영적 체험에 맞추어 성경을 주관적으로 해석해서는 안되지만, 영적 체험을 부정하여 성경을 축소해서도 안된다고 했다. 다시 말해서, 그에 의하면, 우리는 성경적인 영적 체험과 성경적인 교리의 지식이 균형을 이루어야 하는 것이다.

그러기에, 건전한 신학은 건강한 사람에게 지성과 감성과 의지의 삼 요소, 곧 지정의(知情意)가 균형을 이루듯이, 바른 교리(orthodoxy), 바른 감성(orthopathy), 그리고 바른 행동(orthopraxis) 등 삼 요소가 균형을 이루어야 하는 것이다.

1) 신학의 삼 요소

네가 만일 네 입으로 예수님을 주님으로 고백하고, 또 하나님께서 그분을 죽은 자 가운데서 살리신 것을 네 마음으로 믿으면, 구원을 받을 것이다. 사람이 마음으로 믿어 의에 이르고, 입으로 고백하여 구원에 이른다. (로마서 10:9-10)

첫째, 신학은 바른 교리(orthodoxy)를 성경적으로 연구해야 한다. 교회의 역사를 보면 신학적 교리 논쟁이 끊이지 아니했다. 성경의 교리를 왜곡시키거나 그릇되게 해석할 경우 바로 잡아 바른 교리를 정립하는가 하면, 성경적으로 신앙고백 형식으로 교리를 체계화하기도 했다. 예컨대, 삼위일체 교리를 그릇되게 해석하여 성자 예수님과 성령 하나님의 위격적 구별을 왜곡시킨 사벨리우스의 양태적 단일신론(modalistic monarchianism)과, 성부 하나님과의 성자 예수님의 동질적 신성과 성령 하나님의 인격성을 부인한 아리우스의 역동적 단일신론(dynamic monarchianism), 그리스도의 성육신을 부인하는 영지주의(Gnosticism) 등이 있었다. 이같이 그릇된 교리들을 반대하거나 바로잡아 325년 니케야회의 이후 칼케돈회의에 이르기까지 성자 예수 그리스도께서 참 하나님이시자 참 사람으로 한 인격이심을 확정하였다.

뿐만 아니라, 종교개혁 이후로 오직 성경, 오직 은혜, 오직 믿음, 오직 하나님께 영광 등을 원리로 삼아 신앙고백과 요리문답을 작성하여 삼위일체론, 성령의 인격성, 예수 그리스도의 동정녀 탄생과 십자가에서의 대속적 죽음과 죽은 자 가운데서의 부활, 하나님 우편에서의 중보자 되심, 재림과 마지막 날의 육체적 부활 및 심판, 오직 믿음으로 의롭다함을 받음 등 성경적 주요 교리들을 정립하였다.

근현대에 이르러서는 하나님의 섭리 사역을 부인하는 이신론(理神論, deism), 그리스도와 기독교 교회 밖에도 구원이 있을 수 있다고 주장하는 종교다원주의, 성경을 하나님의 계시에 대한 참고 자료(reference)로 보는 정치신학 등 그릇된 교리들이 주장되었다. 이에 대하여 정통신학은 하나님이 여전히 통치권을 행사하여 섭리하시는 역사의 주인되심을 밝히고, 오직 그리스도와 교회 안에만 구원이 있다고 하는 그리스도와 기독교의 유일성을 강조하며, 성경이 하나님의 절대 계시임을 천명하였다.

신학은 기본적으로 성경이 가르치는 대로 해석하는 바른 교리 위에 세워져야 한다. 성경의 가르침에서 벗어난 그릇된 교리가 교회 안에 들어와 누룩처럼 번지면 임박한 멸망을 스스로 취하게 되는 것이다(참고, 벧후 2:1).

둘째, 신학은 바른 감성(orthopathy)을 동반해야 한다. 참된 신앙에는 머리로 아는 지식(notitia)이 가슴으로 화답하는 찬동(assensus)을 동반한다. 이와 같이 바른 신학의 경우도 이성을 통해 합리적으로 체계화하는 바른 교리는 가슴으로 체감하는 바른 감성을 동반해야 한다. 성경의 바른 교리가 믿음을 심어 주면, 하나님의 복음의 진리에 찬동하여 하나님의 사랑과 임재를 가슴으로 체감함으로 우리의 감성이 뜨거워질 때, 그 믿음이 우리의 가슴에 뿌리를 깊이 내리게 되는 것이다. 이로써, 우리의 심령에서 생명수의 강이 흘러 넘치고 말로 표현할 수 없는 영광스러운 즐거움과 기쁨이 넘친다. 감성적 기쁨이 없는 지식은 냉랭하여 사실상 죽은 신앙에 지나지 않는다. 마찬가지로, 가슴에 감동을 전달하는 감성이 없는 교리는 죽은 정통에 불과하다.

성도들이 환난 중에서도 하나님의 영광을 바라고 즐거워하게 되는 것은 성령으로 말미암아 바른 교리가 알게 하는 하나님의 사랑이 우리의 마음에 확증과 감동을 주기 때문이다(참고, 롬 5:2-8). 그래서 베드로는 믿음의 시련의 불로 고난당하는 성도들에게 이렇게 말했다. "이는 너희 믿음의 시련이 불로 단련하지만, 결국 없어지고 마는 금보다 더 귀하여 예수 그리스도께서 나타나실 때에 칭찬과 영광과 존귀를 얻게 하려는 것이다. 너희가 그분을 보지 못하였으나 사랑한다. 지금도 그분을 보지 못하면서도 믿으며, 말할 수 없는 영광스러운 기쁨으로 즐거워하니"(벧전 1:7-8). "오히려 너희가 그리스도의 고난에 참여하는 것이니 기뻐하여라. 이는 그분의 영광이 나타날 때에 크게 기뻐하고 즐거워하게 하려는 것이다."(벧전 4:13).

성경의 교리의 빛이 신앙의 감성의 열을 갖추지 아니하면 그것은 사실상 괴이하고 잘못된 것이 아닐 수 없다. 신앙적 뜨거움의 감성이 없이 교리적인 지식이나 관념적 사변적 생각만 가지고 있는 사람은 일종의 이신론자(deist)이다. 바른 교리는 반드시 바른 감성을 동반해야 하는 것이다.

셋째, 신학은 바른 행동(orthopraxis)으로 실천되어야 한다. 바른 감성을 동반하는 바른 교리는 바른 행동으로 열매를 맺어야 한다. 즉, 바른 교리가 바른 감성을 불러일으키고, 바른 감성은 우리를 변화시켜 성품적으로 그리스도를 닮아 하나님의 나라와 그의 의를 구하여 우리의 실제적 삶에서 사랑을 실천하게 하는 것이다. 바른 교리에 근거한 바른 감성의 참된 신앙은 바른 행동을 통해 성숙된다. 바른 행동의 실천은 하나님의 임재와 동행의 증거요, 구원의 진실성을 보여주는 증거이며, 참된 회심의 증거이다.

요약하자면, 성경에서 하나님을 바르게 아는 그리스도인은 바른 교리에 근거하여 그 심령이 하나님과 그의 나라를 위해 열심으로 뜨거워지는 바른 감성을 갖게 되고, 그 뜨거운 가슴으로 사랑을 베풀고 정의를 행동으로 보여준다. 이 점에서 신학은 바른 교리, 바른 감성, 그리고 바른 행동의 삼 요소를 균형 있게 갖추어야 하는 것이다.

2) 신학의 성격(또는, 특성)

하나님의 나라는 먹는 것과 마시는 것이 아니고, 오직 성령 안에서 의와 평강과 기쁨이다. (로마서 14:17)

성경의 바른 교리를 체계적으로 살펴 삼위 하나님과 그분이 하시는 일들을 연구하여 진술하는 것이 신학의 과제이기 때문에, 신학에는 다음과 같은 성격 또는 특성이 있다.

첫째, 신학은 성경적(biblical)이요 체계적(systematic)이다. 신학의 주요하고 최우선적인 자료는 신구약 성경이다. 하나님의 신성과 능력이 그의 만드신 피조물에 나타나 있지만, 자연계시는 죄로 인하여 심하게 훼손되어 있는 까닭에 신학의 자료로서는 불충분하다. 그런 까닭에, 신학은 우선적으로 성경에서 신앙의 교리를 얻는다. 신학은 성경을 연구함에 있어서 각권을 역사적 문법적으로 접근할 수도 있고, 또는 66권을 한 권으로 묶어서 체계적으로 주제별로 종합해서 진술할 수도 있다.

둘째, 신학은 문화적 상황적(contextual)이다. 신학은 성경의 각권이 기록되던 당시의 문화와 상황을 배경으로 하여 역사적 문법적으로 특별히 교리들을 연구한다. 시대적 상황과 문화와 생활 풍습 또는 언어적 의미를 모르고서는 하나님의 계시의 참 뜻을 밝혀내지 못한다. 신학은 탁상 이론이 아니고, 진공 상태에서 만들어지는 것도 결코 아니다.

셋째, 신학은 시대적(contemporary)이다. 신학은 성경이 기록되던 당시의 문화와 상황을 배경으로 하여 성경을 연구하되, 오늘을 사는 사람들이 이해할 수 있는 표현을 사용하여 성경의 교리들을 재구성한다. 즉, 성경의 보편적 진리가 오늘의 시대에 적용될 수 있게 진술하는 것이다. 그래서 성격상 시대적이다.

넷째, 신학은 실천적(practical)이다. 신학은 성경의 바른 교리가 매일의 일상생활 속에서 행동으로 실천되어야 하기 때문에, 성격상 실천적이다. 행동이 없는 믿음과 신학은 죽은 것이다. 그래서 신학에는 기독교적 윤리가 주요한 분야이다.

다섯째, 신학은 공동체적(communal)이다. 신학은 그리스도의 몸이요, 하나님의 가족이며, 성령의 전인 교회 안에서, 교회를 통해서, 그리고 교회를 위하여 연구되는 것이기 때문에, 교회 중심적이요, 따라서 공동체적이다. 교회를 떠나서는 신학은 있을 수가 없다. 신학은 근본적으로 개인의 구원만을 위한 학문이 아니고, 하나님의 나라와 그의 의를 구하는 것을 목표로 하는 학문이다. 다시 말해서, 신학은 개인의 구원과 삶 뿐만 아니라 교회 안에서의 구원과 하나님의 나라에 더욱 관심을 두기 때문에, 성격상 공동체적인 것이다.

여섯째, 신학은 다차원적(multi-dimensional)이다. 하나님의 형상으로 창조된 인간은 영적, 사회적, 권위적 존재로서 하나님과 이웃 동료와 자연과의 삼중의 관계 속에서 살게 되어 있다. 그런데 죄가 이 삼중의 관계를 단절 또는 왜곡시켰고, 중보자 그리스도께서는 이같이 단절된 관계를 회복시켜 화목을 이루셨다. 이 삼중의 관계를 신학이 다루기 때문에, 성격상 신학은 다차원적인 것이다. 그래서 신학은 영적 예배의 삶과 사회적 책임과 윤리 및 자연 환경 문제까지 포함시켜 함께 다룬다.

일곱째, 신학은 종말론적(eschatological)이다. 하나님께서 약속하신 때가 차매 그리스도라고 하는 나사렛 사람 예수님이 이 땅에 구속주로 오시어 역사 속에서 구원을 성취하심으로써 종말이 시작되었고, 하나님의 나라가 임하였다. 그런가 하면, 그리스도가 영광과 권능 가운데서 심판주로 다시 오실 때에는 성도들의 몸이 영생의 부활을 하게 되고 신천신지가 열린다. 즉, 그리스도로 말미암아 종말이 이미 시작되었고 또 내세가 앞으로 열리는 것이기 때문에, 신학은 성격상 종말론적인 것이다.

4. 신학을 하는 방법

> 너희는 모두 서로 겸손으로 옷을 입어라. 이는 "하나님께서 교만한 자들을 대적하시나 겸손한 자들에게는 은혜를 베푸시기" 때문이다. (베드로전서 5 : 5)

신학은 하나님께서 주체가 되어 가르치시고, 하나님을 가르치며, 하나님을 아는데 이르게 하기 때문에, 하나님의 은혜 없이는, 성령 없이는, 그리고 믿음 없이는 결코 할 수 없는 학문이다. 그러므로 신학은 성령의 지혜로, 하나님의 은혜를 힘입고, 오직 믿음으로 성경을 가지고 하는 바, 다음과 같은 방법대로 해야 한다.

첫째, 신학은 기도로 연구한다. 신학은 성령의 지혜로 해야 하는 바, 성령께서 하나님의 말씀을 가지고 우리의 영의 눈을 여는 데는 기도가 필수적이다. 기도 없이는 성령의 역사가 없다. 하나님께서는 믿음으로 기도하는 자에게만 성령을 주시기 때문에(눅 11:13; 갈 3:2), 바르고 건전한 신학을 위해서는 기도로 연구해야 하는 것이다. 기도 없는 신학은 경건의 능력이 없고, 성경의 깊은 비밀을 밝혀 낼 수 없으며, 하나님을 아는 참 지식에 이를 수가 없다. 기도 없는 신학은 교회를 쇠약하게 만들고, 기도하는 신학은 하나님의 능력으로 교회를 튼튼하게 세운다.

둘째, 신학은 겸손함으로 연구한다. 신학의 주체는 하나님이시다. 신학은 하나님이 은혜를 주셔야 가능하다. 그런데 하나님은 교만한 자를 물리치고 겸손한 자에게만 은혜를 베푸신다(벧전 5:5). 일반적으로 지식이 많으면 사람이 교만해지기 쉽기 때문에, 학문 가운데 최고의 학문인 신학은 겸손을 요구한다.

신학을 하려면 우선 하나님 앞에서 겸손하여 하나님께 기도로 묻고 배워야 한다. 기도로 성령의 지혜를 구하여야 하는 것이다. 뿐만 아니라 다른 사람들에게서 배움을 얻어 연구해야 한다. 서로 가르쳐 주고, 서로 배워야 한다. 하나님께서 교회 안에 사도들과 선지자들과 교사들과 목사들을 세우신 것은 서로 도와 교회를 잘 섬기게 하고(고전 12:28), 또한 서로 배워 교회를 잘 가르치게 하기 위함이다(엡 4:11-12). 잘 가르치려면 서로 배워야 한다. 디모데는 바울에게서(딤후 3:14), 마가는 베드로와 바울에게서(벧전 5:13; 딤후 4:11), 아볼로는 브리스길라에게서(행 18:26) 배움을 얻어 성경을 연구하여 가르쳤던 것이다.

성령의 감동으로 기록된 성경은 절대 무오하고 무위하지만, 그 성경을 해석한 주해는 어느 것 하나 무오하거나 완전한 것이 없고, 그 성경을 가지고 체계화한 교리서나 신학적 저작물 가운데 완벽한 것이 교회 역사상 없는 것은 겸손함으로 서로 배워 연구하게 하기 위한 하나님의 뜻이다.

셋째, 신학은 이성을 가지고 합리적으로 연구한다. 신학은 성령의 도우심과 인도하심을 통해서 기도로 하지만, 성경을 역사적 문법적으로 연구하여 체계적으로 기술해야 하는 바, 성령께서는 인간의 이성을 사용케 하신다. 인간은 성경에서 하나님의 뜻이 무엇인가를 밝혀냄에 있어서 머리를 써서 합리적으로 연구하고 분별해야 한다(롬 12:1-2; 딤후 2:15). 신학은 일종의 과학(science)이다. 그래서 신학은 이성적 연구를 필요로 한다.

넷째, 신학은 성경의 관련된 자료들을 전반적으로 종합 분석한다. 신학은 성경을 철저하게 연구하는 것을 우선으로 하되, 성경과 관련된 고고학, 고대 근동학, 당대의 정치와 경제, 구약과 신약의 생활 풍습과 지리, 성경의 언어인 히브리어와 헬라어, 또는 교회의 역사와 주요 인물, 기타 관련 문헌 등을 전반적으로 살펴 연구해야 한다.

다섯째, 신학은 기쁨으로 찬미하며 연구한다. 하나님의 말씀인 성경은 순결하여 우리의 마음을 기쁘게 하고(시 19:8; 119:77,92), 그 맛이 송이꿀처럼 달며(시 119:103) 천만 금은보다 더 보배롭기 때문에(시 119:72), 신학은 기쁨으로 연구하는 것이다. 성경을 사랑하는 자마다 신학을 기쁨으로 연구한다.

2장

계시의 정의

"내 아버지께서 모든 것을 내게 맡겨 주셨으니, 아버지 외에는 아무도 아들을 알지 못하며, 아들과 그 아들의 계시를 받는 자 외에는 아무도 아버지를 알지 못합니다"

(마태복음 11 : 27)

하나님은 영이시기 때문에 사람의 눈으로 볼 수 없다. 또한 사람은 본성이 부패하고 영적으로 눈이 어두워 하나님의 하시는 일을 스스로는 알지 못할 뿐 아니라, 하나님을 인정하지도 않는다. 그러기에 하나님께서 친히 자신을 알려 주시지 않으면 아무도 하나님을 알 자가 없다. 그래서 믿음의 조상 아브라함이 메소포타미아에 있을 때에 영광의 하나님이 그에게 나타나셨고(행 7:2), 모세의 경우도 시내산 광야에서 가시덤불 불꽃 가운데 그에게 나타나셨으며(행 7:30), 베드로에게도 하나님 아버지께서 예수가 그리스도이심을 계시해 주셨다(마 16:17).

하나님께서 친히 자신과 자신의 하시는 일 곧 창조와 구속 사역을 알려 주시는 행위와, 그 행위로 말미암아 주어지는 지식을 가리켜 계시라고 한다. 이 계시는 아버지 하나님과 아들 하나님이 주시되, 계시의 영이신 성령님을 통해서 주신다(참고, 엡 1:17). 이 계시에는 자연계와 자연 현상을 통해서 주어지는 일반계시와, 그리스도와 성경을 통해서 주어지는 특별계시가 있다.

1. 일반계시

> 세상 창조 때부터 그분의 보이지 않는 것들,곧 그분의 영원하신 능력과 신성이 그분께서 만드신만물을 통하여 분명히 드러나 알게 되었으므로그들이 변명할 수 없다. (로마서 1 : 20)

하나님은 짐승과는 달리 하나님의 형상으로 창조된 사람의 경우 누구에게나 하나님을 아는 지식(knowledge of God) 즉 신 의식(awareness of God) 또는 종교의 씨(seed of religion)를 주셔서, 본성적으로 하나님을 알고 섬길 수 있게 하셨다(참고, 롬 1:19, "이는 하나님을 알 만한 것이 그들 안에 밝히 드러나 있기 때문이다."). 그런데 이 종교의 씨가 싹이 트려면 하나님의 계시가 있어야 한다. 하나님은 이 종교의 씨가 싹터 하나님을 모른다고 핑계할 수 없게 "세상 창조 때부터 그분의 보이지 않는 것들, 곧 그분의 영원하신 능력과 신성이 그분께서 만드신 만물을 통하여 분명히 드러나 알게"(롬 1:20) 하셨다.

시편 기자가 노래한 대로, "하늘은 하나님의 영광을 선포하고, 궁창은 그분의 손으로 하신 일을 나타낸다."(시 19:1). 또한 하나님은 천둥과 번개, 작은 비와 큰 비, 구름과 바람 등을 통해서(욥 37장), 염소와 사슴과 들나귀, 타조와 매와 독수리 등에게 뛰놀고 날게 하시는가 하면 그들이 각기 거할 처소를 마련해 주시는 일(욥 39장)을 통해서 자신을 계시하신다. 욥은 이같은 하나님의 계시를 인하여 하나님을 알고서 회개하였다(욥 42:5-6). 이렇듯 우주와 그 안에 있는 모든 것들을 창조하신 하나님 곧 하늘과 땅의 주님이신 하나님께서는 인류의 모든 민족을 한 사람 아담으로부터 만드시고 그들을 온 땅 위에 살게 하셨으며, 그들이 사는 때와 거주지의 경계를 정해 주시고(행 17:24-26), 인간들의 왕국들을 다스리시고 열왕의 흥망성쇠를 주관하심으로써(단 4:17) 하나님을 더듬어 찾고자 하면 찾게 할 뿐 아니라 하나님을 알고서 힘입어 살고 활동하게 하시는 것이다(행 7:27-28)

하나님께서 자신을 알게 하시는 행위와, 그로 말미암아 얻게 되는 하나님을 아는 지식이 바로 계시인바, 사람의 본성과 자연 만물과 그것들의 현상 및 인간의 역사를 통해서 주어지는 계시를 "일반계시"라 일컫는다. 이 일반계시는 지금도 하나님이 매일같이 주시기 때문에, 우리가 눈만 뜨면 언제 어디서나 하나님을 볼 수 있는 것이다(칼빈,「기독교 강요」 I.v. 1).

2. 특별계시

> 옛적에 선지자들을 통하여 여러 번, 여러 모양으로 조상들에게 말씀하신 하나님께서, 이 마지막 날들에 아들을 통하여 우리에게 말씀하셨으니, (히브리서 1 : 1, 2장)

이 일반계시를 통해서는 사람들이 "하나님을 알면서도 하나님께 영광을 돌리지 않고 감사드리지도 않으며, 오히려 생각이 허망하여지고 어리석은 마음이"어두워진다(롬 1:21). 이는 사람들이 죄로 인하여 죽었고(엡 2:1) 자신들의 허물과 죄를 깨닫지 못하며 큰 죄악에서 깨끗하지 못하기 때문이다(시 19:12-13). 사람들은 그 영혼이 소생되고, 어리석음을 깨달아 지혜로워지며, 마음의 눈이 밝아져 하나님을 바로 알고 경외할 수 있게 되어야 하는데(시 19:7-9), 이를 위해 하나님께서 주신 것이 하나님의 율법과 복음 곧 "특별계시"이다. 여호와의 율법은 완전하여 영혼을 소생시키고 눈을 밝게 해주고(시 19:7-8) 죄를 깨닫게 한다(롬 3:20). 그리고 율법 외에 주어진 복음이 예수 그리스도를 믿는 믿음을 통하여 의롭다함을 받게 한다(롬 3:21-22).

하나님의 율법과 복음의 책 곧 성경이 바로 하나님의 특별계시이다(칼빈, 「기독교강요」 I.vi. 2). 사람들마다 하나님을 마음에 두기 싫어하고(롬 1:28), 심지어는 하나님이 없다(시 14:1)하고 하나님을 찾지도 않기 때문에(롬 3:11), 하나님의 아들 예수 그리스도의 소원대로 하나님의 특별한 계시를 성령을 통해 받는 자 외에는 하나님 아버지를 아는 자가 없다(마 11:27; 요 14:26; 15:26). 사람들이 죄로 말미암아 하나님을 알지 못하고 예배하기를 싫어하는 까닭에, 성부 하나님과 성자 예수님과 성령 하나님께서는 특별한 방식으로 특정한 사람들에게 하나님과 하나님의 하시는 일들을 계시하심으로 하나님과 사귐을 갖게 하시는 것이다.

히브리서 기자가 말한 대로, 오래 전부터 하나님은 선지자들에게 여러 시대에 여러 방식으로 율법과 예언자들을 통하여 계시하셨으나, 마침내 하나님의 아들 예수님께서 친히 하나님을 분명히 알 수 있게 계시하셨다(히 1:1; 요 1:18). 이 예수님을 증거하는 책이 바로 성경이다(요 5:39). 이 성경은 하나님 자신과 하나님의 하시는 일들(창조, 섭리, 구원, 심판)을 알게 하시는 바 하나님의 특별계시요, 우리의 신앙과 생활을 위한 절대무오하고 유일한 규칙이다(웨스트민스터신앙고백 1장 2항). "성경은 능히 그리스도 예수님을 믿는 믿음으로 말미암아 너에게 구원에 이르는 지혜가 있게 한다. 모든 성경은 하나님의 영감(곧, 성령의 감동)으로 된 것으로, 교훈과 책망과 바르게 함과 의로 교육하기에 유익하니, 이는 하나님의 사람으로 온전하게 하며 모든 선한 일을 위하여 준비되게 하려는 것이다"(딤후 3:15-17). 이 성경은 요한계시록과 함께 책으로 완성되어 그때부터 존재하게 된 것이 아니고, 아담 때부터 이미 있었기에 이사야는 "여호와의 책을 구하여 읽어 보라"(사 34:16)고 하였고, 다니엘은 예레미야의 예언의 서책을 통해 바벨론 포로 생활이 70년이 되면(렘 25:12) 끝날 것을 깨달았다(단 9:2). 예수님은 이미 있던 성경을 가지고 복음을 가르치고 선포하셨으며(눅 4:21; 24:32), 바울도(딤후 3:15) 베드로도(벧후 3:16) 성경을 가지고 가르쳤다. 이렇듯 하나님의 책인 성경은 아담 이래로 하나님의 말씀으로서 살아있고 활동력이 있으며(히 4:12) 영원토록 항상 있기에(벧전 1:23-25), 영원한 선지자이신 예수 그리스도께서는 이 성경을 가지고 성령으로 아담 이래 신구약시대 뿐 아니라 지금도 항상 계시행위를 하고 계신다(참고, 칼빈「기독교강요」I. vi. 1; 웨스트민스터신앙고백 8장 8항). 다시 말해서, 지금의 정경이 완성된 이후로만 하나님과 예수님께서 성경을 가지고 성경을 통해서 계시하신 것이 결코 아니다. 아담 때부터 성경으로 계시하신 것이다. 이렇듯 하나님의 말씀인 성경은 하나님의 절대적 계시이기시기 때문에 신구약을 막론하고 그 말씀에 일절 보태거나 빼면 안된다(신 4:2; 12:23; 잠 30:6; 계 22:18-19). 하나님의 말씀에 보태거나 빼면 하나님 자신과 하나님의 말씀의 권위를 멸시하게 되어 범죄하고 타락케 되는 것이다(참고, 창 3:2-3). 성경 계시는 하나님의 소통하는 행위   (a communicative act)이며, 죽어있는 문자 책이 아니다. 따라서 하나님은 성경을 통해서 지금도 살아계시고 활동하심을 보여 주시며 이적과 표적들을 행하시기도 한다.

3장

계시의 주체

하늘과 땅의 주님이신 아버지, 이것들을 지혜롭고 현명한
자들에게는 숨기시고 어린아이들에게는 계시하시니 아버
지께 감사합니다…
아들과 그 아들의 계시를 받는 자 외에는 아무도 아버지
를 알지 못합니다. (마태복음 11 : 25-27)

기독교의 신학은 하나님을 아는 지식을 다루는 학문이다. 하나님을 아는 지식은 관념적인 것이 아니고 하나님과의 깊은 사귐을 갖는 지식으로서, 그것은 바로 영생이다(요 17:23). 그러기에 신학은 영원한 생명의 학문이다. 또한 신학은 우리가 하나님께 아신 바 된 것을 다루는 학문이다. 하나님께 아신 바 된다는 것은 하나님의 사랑을 입은 것이요(고전 8:3; 갈 4:9), 그것은 바로 경건이다(참고, 시 86:2: 히브리어로 '경건'을 뜻하는 단어가 '하시딤'인 바, '하나님의 사랑을 입다'를 가리킨다.) 그러기에 신학은 경건의 학문이기도 하다. 한편, 하나님을 알고 또 하나님께 아신 바 되면 하나님을 가까이 하게 마련인 까닭에, 신학은 하나님께 가까이 하는 것을 다루는 학문이다. 하나님을 가까이 하는 것이 성도들의 행복이기에(시 73:28), 신학은 행복의 학문이다.

이렇듯 생명과 경건과 행복의 학문인 신학은 하나님께서 가르쳐 주시고, 하나님을 가르치며, 하나님께로 인도하는 것이기 때문에 (Theology is taught by God, teaches God, and leads to God), 그것의 본체적 원리는 하나님이시다. 하나님께서 신학의 주체이자 목적이자 목표인 것이다. 그런 까닭에 하나님께서 자신을 우리에게 계시해 주시지 아니하면, 즉 알려 주시지 아니하면 신학은 할 수가 없다. 계시는 하나님이 자신을 알려 주시는 것이기에 하나님 자신이 그것의 주체이신 것이다.

1. 성부 하나님

하늘과 땅의 주님이신 아버지, 이것들을 지혜롭고 현명한 자들에게는 숨기시고 어린아이들에게는 계시하시니, 아버지께 감사합니다(마태복음 11 : 25)

우리가 믿는 바 하나님은 삼위일체 하나님이시기에, 성부 하나님께서 우선 자신을 계시하신다. 하나님께서는 하늘과 땅과 그 안에 있는 모든 만물들 뿐만 아니라 사람의 눈에 보이지 않는 영물인 천사들까지 말씀으로 창조하셨다(창 1:3; 골 1:16; 히 11:3). 그리고 그 피조물들을 통해서 하나님의 능력과 신성 뿐 아니라(롬 1:20) 그분의 영광도 선포되게 하시고(시 19:1) 하나님의 지식과 말씀이 세상 끝까지 전해지게 하신다(시 19:2-4).

우주와 그 안에 있는 모든 것들을 창조하신 하나님께서는 모든 사람들에게 생명과 호흡을 친히 주시고, 인류의 모든 민족을 한 혈통으로부터 만드셨으며, 온 땅 위에 흩어져 살게 하시되, 그들이 사는 때와 거주지의 경계를 정해 주심으로서 하나님을 힘입어 살게 하셨다. 이로써 하나님이 우리 각자에게서 멀리 떨어져 계시지 않고 항상 자신을 계시하시는 것을 알게 하시는 것이다(행 17:24-28). 이처럼 하나님께서는 지혜와 권능으로 하늘을 지으시고 물 위에 땅을 펴시며 큰 빛들을 지으시어 해로 낮을, 달과 별들로 밤을 다스리게 하시는 가운데 그분의 영원한 인애를 알게 하신다(시 136:4-9).

성부 하나님께서는 말씀으로 말미암은 창조 사역을 통해서 자신을 계시하실 뿐 아니라, 말씀으로 아담과 하와에게 복을 선포하심을 통해서도 자신을 계시하셨다. "생육하고 번성하며 땅에 충만하고 그것을 정복하여라… 모든 짐승을 다스려라"(창 1:28). 또한 선과 악을 알게 하는 나무의 열매를 먹지 마라(창 2:17) 하시고, 아담에게 돕는 배필로 여자를 만들어(창 2:18) 주시는 일에서도 하나님은 말씀을 통해 자신이 생명의 주님이시요 짝을 정해 주시는 분이심을 계시하셨다.

뿐만 아니라, 노아와의 무지개 언약을 세우신 일(창 9:8-17)과, 아브라함과 맺은 바 땅과 큰 민족과 후손에 대한 약속의 언약(창 12:1-9), 모세와 맺은 시내산 언약(출 19:1-9), 그리고 다윗과 맺은 영원한 왕권에 대한 언약(삼하 7:8-17)을 통해서도 하나님께서는 자신을 계시하셨다. 그리고 여러 선지자들을 통해서 메시아를 약속하는 가운데(예: 이사야의 '임마누엘', 사 7:14; '수난의 종', 사 53장; 예레미야의 '한 의로운 가지', 렘 23:5; 에스겔의 '한 목자', 겔 34:23-24; 다니엘의 '인자 같은 이', 단 7:13-14; 요엘의 '의의 교사', 욜 2:23) 하나님께서는 자신을 구원자로 계시하셨다(참고, 롬 1:2). 또한 하나님은 자신의 이름을 '나는 나이다'(출 3:14; 호 12:5)요, '여호와'(출 6:2) 언약의 주님으로 계시하셨으며, 예수님이 그리스도이심을 계시하셨다(마 16:17; "바요나 시몬아, 네게 복이 있다. 이를 네게 알게하신 분은 사람이 아니라 하늘에 계신 내 아버지이시다.").

2. 성자 하나님

> 아들과 그 아들의 계시를 받는 자 외에는 아무도 아버지를 알지 못합니다.
> (마태복음 11 : 27 하)

우리가 성부 하나님을 아는 지식을 얻는 것은 그분의 아들이신 예수 그리스도의 계시를 통해서만 가능하다. 아버지 하나님과 아들 하나님께서는 태초부터 영원히 함께 계셨기 때문에(요 1:1) 이 두 분은 서로를 잘 알고 있어서, 아버지 하나님 외에는 아무도 아들 하나님을 제대로 알지 못하고, 아들 외에는 아무도 아버지 하나님을 알지 못하는 것이다. 따라서 그 아들 하나님의 계시가 없이는 누구도 하나님 아버지를 알 수 없다(마 11:27). 일찍이 아무도 하나님을 보지 못하였으나 아버지 하나님의 품 속에 계신 유일하신 아들 하나님께서 그 아버지 하나님을 나타내 보이셨다. 즉 계시하셨다(요 1:18). 그래서 성자 예수님은 말씀하시기를, "나를 믿는 자는 나를 믿는 것이 아니라 나를 보내신 분을 믿는 것이고, 나를 보는 자는 나를 보내신 분을 보는 것이다"(요 12:44-45)고 하였으며, "나를 본 자는 아버지도 보았다"(요 14:9) 하셨다. "나와 아버지는 하나이다"(요 10:30)고도 하셨다.

성자 예수님께서는 엠마오로 가는 두 제자들에게 나타나시어 그들에게 성경을 열어서 그에 대해 기록된 모든 것을 깨닫게 해 주셨는가 하면(눅 24:32, 44-45), 사도 바울에게도 복음을 직접 계시해 주셨다(갈 1:11-12).

그래서 웨스트민스터 신앙고백은 선지자로서의 예수님의 계시 사역을 다음과 같이 기술하였다. "그리스도께서는 값을 치루고 구속하신 모든 사람들에게 바로 그 구속을 확실하고도 효과있게 적용하시고 전달해 주신다. 그들을 위하여 대언하시고, 말씀으로 그리고 말씀을 통해서 그들에게 구원의 비밀들을 계시하신다"(8장 8항 :

소요리 24문답, "그리스도께서 선지자의 직분을 행하시는 것은 우리를 구원하시려는 하나님의 뜻을 말씀과 성령으로 우리에게 계시하심으로 하십니다."). 마지막 날들에는 특별히 하나님께서 그의 아들 예수 그리스도를 통하여 우리에게 계시하여 말씀하시는 것이다(히 1:2 상).

3. 성령 하나님

> 내가 아버지께로부터 너희에게 보낼 보혜사,곧 아버지께로부터 나오시는 진리의 영이 오실 때에 그분께서 나에 대해 증언하실 것이며(요한복음 15 : 26)

성령은 하나님의 영(고전 3:16)이시자, 성자 예수 그리스도께서 성부 하나님께로부터 보내시기에 그리스도의 영이시기도 하다(행 16:7; 롬 8:9). 이 성령은 진리의 영(요 14:17)이요, 계시의 영(엡 1:17)이시다. 그래서 아버지 하나님께서 아들 하나님의 이름으로 보내시는 성령님께서는 우리에게 모든 것을 가르치시고 성자 예수님이 말씀하신 모든 것을 생각나게 하신다(요 14:26). 또한 예수님에 대하여 증언하시며(요 15:26), 우리를 모든 진리 가운데로 인도하시고 앞으로 되어질 일들을 계시하여 알려 주신다(요 16:13). 이 성령님은 사도들이 예수 그리스도를 증거할 때 함께 증거하시는 것이다(행 5:32 "우리는 이이들의 증인이며 또한 하나님께서 자신에게 순종하는 자들에게 주신 성령께서도 증인이시다").

하나님께서는 성령을 통해서 계시하는 까닭에, 성령님께서 하나님의 깊은 비밀들까지도 아시고 우리로 하여금 알게 하신다. 그래서 우리는 성령님께서 계시하여 가르쳐 주신 말씀으로 복음을 가르치는 것이다(고전 2:10-13). 우리가 예수님이 그리스도이심을 알고서 "예수님은 주님이시다"고 고백하게 되는 것도 성령님으로 말미암고(고전 12:3), 하나님을 우리의 아버지로 알고서 "아바 아버지"라 부르게 되는 것도 성령님을 통해서 한다(롬 8:15).

요약하자면, 하나님을 알게 하는 바 계시의 주체는 삼위 하나님 곧 성부 하나님과 성자 하나님과 성령 하나님이시다. 성부 하나님께서는 성자 그리스도 안에서 그분의 뜻의 비밀을 우리에게 알리시고(엡 1:9), 지혜와 계시의 성령을 우리에게 주시어 그 성령님으로 말미암아 마음의 눈을 밝혀 하나님을 알게 하실 뿐 아니라(엡 1:17, 18), 하나님의 비밀이신 그리스도(골 1:27)를 성령님이 우리에게 계시하여 알게 하시는 것이다(엡 3:3-4). 이로써, 우리가 삼위 하나님의 계시를 통하여 하나님 아버지와 그가 보내신 바 아들 하나님 곧 예수 그리스도를 앎으로 영생을 얻어 누리게 된다(요 17:3).

하나님의 이같은 말씀 계시를 사탄 마귀가 많은 사람들에게서 빼앗아 가서 그들이 믿지 못하고 구원을 받지도 못하게 훼방을 놓는다(눅 8:12). 그런가하면 사탄 마귀는 환난과 박해와 같은 시험이나, 인생의 염려와 재물의 유혹과 향락을 통해서 하나님의 계시를 무익하게 만들어 결국은 그 계시를 듣고서도 깨닫거나 이해하지 못하게 한다(마 13:21-23; 눅 8:13-14). 그러기에 우리는 하나님의 말씀 계시를 받을 때 착한 마음으로 듣고 잘 간직하되 인내로 지켜야 하는 것이다(눅 8:15).

4 장

계시의 대변자

그분께서 어떤 이들은 사도로, 어떤 이들은 선지자로, 어떤 이들은 복음 전도자로, 어떤 이들은 목사와 교사로 세우셨다. (에베소서 4:11)

하나님께서는 자신을 계시하심에 있어서 오랜 세월에 걸쳐 여러 방식으로 많은 사람들에게 친히 직접 말씀하시기도 하시지만, 일반적으로 구약에서는 선지자들을 통해서(롬 1:2; 히 1:1) 하셨고, 신약에서는 선지자이신 예수 그리스도(히 1:2)와, 사도들과 선지자들과 복음 전도자들과 목사와 교사를 세워 하셨다(엡 4:11).

1. 구약의 선지자

> 이 복음은 하나님께서 선지자들을 통하여 성경에 미리 약속한 것으로 그분의 아들에 관한 것이니(로마서1 : 2-3)

하나님께서는 구약 시대의 경우 선지자들을 통하여 말씀하시고 계시하셨다(히 1:1). 구약의 선지자는 사무엘, 엘리야, 이사야, 예레미야 등과 같이 특별하게 하나님의 부르심을 받은 자들이 있으나, 믿음의 조상 아브라함도 하나님의 선지자였고(창 20:7), 임종 시 열두 아들들을 위하여 축복하며 예언한 야곱도 사실상 선지자였으며(참고, 창 49장), 이집트의 바로의 꿈을 해석하여 하나님께서 하고자 하시는 일을 알게 한 요셉도 선지자였고(참고, 창 41:25), 출애굽 사건의 지도자였던 모세 역시 말과 일에 능한 선지자였고(참고, 신 18:18; 행 7:37), 아론의 누이 미리암도 여선지자였다(출 15:20).

그래서 하나님께서는 아브라함을 자기의 친구로 여겨 그의 한 자손을 통해 그리스도를 미리 볼 수 있게 하셨는가 하면(요 8:56; 갈 3:16), 소돔과 고모라에 대해 내리시고자 한 심판을 숨기지 않고 알려 주셨고(창 18:17), 아비멜렉과 그의 가족을 위한 아브라함의 기도를 응답하셨다(창 20:17). 야곱의 경우를 보면, 그가 요셉과 그의 두 아들 에브라임과 므낫세를 축복한 말씀들은 하나님께로부터 받은 예언의 말씀이었다. 야곱이 요셉에게 해 준, "나는 죽지만 하나님께서 너희와 함께 계시며 너희를 너희 조상의 땅으로 돌아가게 하실 것이다"(창 48:21)라고 한 축복의 말이나, 동생 에브라임을 형 므낫세보다 앞세워 "그(므낫세)도 크게 될 것이나 그의 동생(에브라임)이 그보다 큰 자가 되고 그의 후손이 많은 민족들이 될 것이다"(창 48:19) 한 말, 그리고 유다를 축복하면서 "왕의 홀이 유다에게서 떠나지 않을 것"(창 49:10)고 한 말은 모두 하나님의 계시의 말씀이었다.

이집트 땅과 홍해와 시내광야에서 사십 년 동안 많은 기적과 표적들을 행하며 이스라엘 백성들을 이끌었던 모세는 하나님과 대면하여 하나님의 살아있는 말씀을 직접 받았었다(출 33:11; 참고, 행 7:31, 38). 그래서 출애굽기에 보면 "여호와께서 모세에게 말씀하셨다"는 표현이 수도 없이 반복되어 있다(출 3:4 이하). 하나님께서는 일반적으로 선지자에게는 환상이나 꿈으로 계시하시고 말씀하시지만 모세의 경우는 직접 대면하여 명백히 말씀하시고 은밀한 말로 아니하셨던 것이다(민 12:6-8).

소년 사무엘이 제사장 엘리 앞에서 여호와 하나님을 섬기던 때, 여호와의 말씀이 희귀하고 환상도 나타나지 아니했으나(삼상 3:1), 여호와 하나님께서는 자기의 말씀으로 사무엘에게 자신을 나타내셨으며, 사무엘이 여호와의 선지자로 세움 받은 동안 그에게 주신 말씀들 가운데 하나도 이루어지지 아니한 것이 없었다(삼상 3:19-21).

하나님의 마음에 맞는 사람(행 13:22) 다윗은 자신의 세대 동안 하나님이 말씀하신 대로 그분의 뜻을 받들어 섬겼었는데(행 13:36), 하나님의 성령으로 충만하여 앞으로 오실 메시아가 여호와 하나님의 우편에 앉아 계시는 주님이시요, 멜기세덱의 계열을 따른 영원한 대제사장이심을 알고 예언하였으며(시 110:1,4; 참고, 눅 20:41-44; 히 5:6; 7:17), 메시아의 부활뿐만 아니라(시 16:10; 행 13:35) 십자가에서의 죽음도 예언하였다(시 22:1, 6-8, 16-18; 마 27:46). 다윗이 지은 수 많은 예언의 시들을 보면 하나님의 계시의 말씀이 그에게는 성령으로 확실히 임하였던 것이다. 그리고 하나님의 말씀이 엘리야에게도 임하였고(왕상 17:2, 8, 14; 왕하 1:4), 웃시야 왕과 히스기야 왕 때 이사야에게도 임했으며(사 1:1, 18, 24; 2:1; 6:8-9), 유다 왕 요시야 통치 십삼 년에 여호와의 말씀이 예레미야에게 임하였고(렘 1:2), 특히 예레미야는 예수님을 배반하여 돈을 받고 팔았던 가룟 유다가 산 피밭에 대하여 예언하고(렘 32:6-9; 마 27:9) 새 언약에 관한 여호와의 말씀이 그에게 임하였다(렘 31:31-33; 히 8:8-11).

하나님께서는 모든 선지자들의 입을 통하여 그리스도가 고난을 받아야 할 것이라고 미리 말씀하셨고, 그들의 입을 통하여 말씀하실 때마다 그리스도로 말미암아 마지막 때에 만물이 회복될 것이라고 하신 것이다(행 3:18-24). 성경의 모든 예언은 언제나 사람의 뜻을 따라 나온 것이 아니고, 오직 성령의 감동을 받은 선지자들이 하나님께로부터 받아 말한 것들이다(벧후 1:21). 그들은 특별히 그들 안에 계시는 그리스도의 영이 지시하는 대로 구원의 비밀을 부지런히 조사하고 연구하되, 그리스도께서 당하실 고난과 이후에 받으실 부활의 영광에 대하여 깊이 살피기도 하였다(벧전 1:10-11). 이렇듯 하나님께서는 구약시대의 경우 그리스도의 영을 통해 선지자들의 입에 말씀들을 주시어 계시하셨던 것이다.

2. 사도와 전도자

> 거룩한 선지자들이 미리 예언한 말씀들과 너희의 사도들이 전한 주님되신 구주의 계명을 기억나게 하려 한다. (베드로후서 3 : 2)

예수 그리스도께서는 사십 일 간의 금식 기도 후 사탄의 시험을 이기시고 성령의 능력으로(눅 4:14) 공생애를 시작하시면서 하나님 나라의 복음을 친히 선포하시고(막 1:14-15) 안식일에는 회당에 들어가서 성경을 가지고 하나님의 말씀을 가르치셨다(마 4:23; 막 1:21). 그는 부활하신 몸으로도 엠마오로 가는 두 제자들에게 나타나시어 성경을 열어서 자신에 관한 일들을 그들에게 자세히 설명해 주셨다(눅 24:27, 31).

그러나 예수님께서는 자신이 부활 승천하실 것을 아시고 대비하여 열두 사도들을 세우시고 그들에게 복음을 선포하게 하셨으며(막 3:14), 부활 승천을 앞두고서는 "내가 너희에게 명령한 모든 것을 가르쳐 지키게 하여라"(마 28:20) "온 세상에 다니며 모든 피조물에게 복음을 선포하여라"(막 16:15)고 사도들에게 대위임명령을 주셨으며, "성령이 너희에게 임하시면, 너희가 능력을 받고 예루살렘과 온 유대와 사마리아와 땅 끝까지 이르러 내 증인이 될 것이다"(행 1:8)라고 말씀하셨다. 이로써, 오순절에 성령으로 충만하게 된 사도들은 성경을 가지고 "너희가 십자가에 못 박은 이 예수님을 하나님께서는 주님과 그리스도가 되게 하신 것이다"(행 2:36)라고 증거하였다. 또한 "너희가 나무에 매달아 죽인 예수님을 우리 조상의 하나님께서 살리셨다. 하나님께서 이스라엘에게 회개와 죄 용서를 베푸시려고 이분을 오른손으로 높여 영도자와 구주"로 삼으셨다(행 5:31-31)고 선포함으로, 하나님의 말씀을 담대하게 전하여(행 4:31) 예수님이 그리스도이심을 증거했던 것이다.

그리스도와 성령님께서는 사도들에게 환상과 꿈과 기적과 표적들을 통해서(참고, 행 2:17-19; 5:12-16; 19:11-12; 고후 12:1) 하나님의 은혜의 복음의 말씀을 증언하게 하시고, 또 성경을 가지고 하나님 나라를 선포하며 주 예수 그리스도에 관한 것들을 담대하게 가르쳐 전하게 하셨다(행 28:23, 30-31). 그래서 베드로가 말하기를, "우리는 이 일들의 증인이며 또한 하나님께서 자신에게 순종하는 자들에게 주신 성령께서도 증인이시다"(행 5:32)라고 하였던 것이다. 사도들은 "하나님께 대한 회개와 우리 주 예수께 대한 믿음을 증언하였다"(행 20:21). 이처럼 사도들은 그리스도께서 맡겨 주신 하나님의 영광스러운 복음(딤전 1:11) 곧, 예수 그리스도의 계시를 통해 받은 복음(갈 1:11-12)을 증거하였다.

사도행전에 보면, 복음의 증인들로는 사도들 외에도 성령과 지혜와 믿음과 은혜와 능력이 충만한(행 6:3, 5, 8) 스데반과 빌립과 같은 집사들과 빌립의 네 딸 선지자와 아가보 선지자(참고, 행 6:8-10; 7:1-53; 8:4-6, 26-40; 21:8-10), 그리고 바나바(행 13:1), 마가와 실라(행 15:39-41), 디모데(행 16:1), 누가(행 16:10; 딤후 4:11), 디도(딛 1:4), 아볼로(행 18:24) 그리고 브리스길라와 아굴라 부부(행 18:26) 등 다수의 복음 전도자들이 있다. 그리스도와 하나님께서는 사도들과 복음전도자들을 세우셔서 복음 선포를 통해 자신의 계시의 말씀을 나타내셨던 것이다(딛 1:3).

3. 목사와 교사

가르침을 받은 신실한 말씀을 견고히 붙잡아야 할 것이니,이는 그가 능히 바른 교훈으로 권면하고, 거슬러 말하는 자들을 책망할 수 있게 하려는 것이다. (디도서 1 : 9)

사도 바울이 그의 믿음의 아들 디도를 크레타 섬에 남겨 둔 이유는 각 성읍에 장로들과 감독들을 세워 하나님의 복음의 말씀을 견고히 붙잡아 잘 가르치도록 하기 위함이었다(딛 1:9). 바울은 그의 또 다른 믿음의 아들 디모데의 경우에도 감독과 집사(딤전 3:1, 8) 뿐 아니라 장로도 세워 말씀을 가르치는 일에 수고를 아끼지 아니하도록 하였다(딤전 5:17; 참고, 딤후 2:2). 바울이 디도와 디모데에게 보낸 편지들에서 언급한 감독과 장로들은 그가 에베소에 보낸 편지에서는 목사와 교사로 언급되어 있다(엡 4:11). 하나님께서는 교회를 위하여 감독, 장로와 같은 목사와 교사를 세우시어 그들에게 하나님의 비밀의 복음을 맡기시어(고전 4:1) 그것을 가르치게 하셨던 것이다(딤전 4:11).

우리의 영원한 선지자이신 그리스도께서는 구원의 비밀들을 하나님의 성도들에게 모든 세대에 성령과 말씀을 통해서 그리고 말씀을 가지고 여러 가지의 시행 방법으로 계시해 오셨고 또 계시하신다(웨스트민스터신앙고백 8장 8항; 대요리 43문답). 다시 말해서, 그가 육신을 입고 이 땅에 오시기 전 구약 시대에는 선지자들의 입을 빌려 계시를 증거하였고, 육신으로 이 땅에 계시던 동안에는 친히 성경을 가지고 하나님 나라의 복음을 선포하셨으며, 부활 승천하신 후 신약의 사도 시대에는 성령으로 사도들과 복음 증거자들을 통해서 복음의 비밀을 증거하게 하셨고, 사도 시대 이후에는 목사와 교사들을 세워 하고 계신다. 그래서 선지자로서의 그의 계시 사역은 영원 무궁히 계속되는 것이다(참고, 박형룡, 「교의신학 기독론」p. 251-253; 뻘콤, 「기독교신학개론」신복윤 역, p. 186).

5장

계시의 내용

하나님께서는 나의 복음과 예수 그리스도의 선포와 비밀의 계시를 통하여 너희를 능히 견고하게 하실 수 있으니, 이 비밀은 영원 전부터 감추어져 있었다. (로마서 16 : 25)

기독교의 신학은 하나님께서 주체가 되어 가르치시되, 하나님을 목적으로 삼아 가르치고, 하나님께로 인도하는 학문인 까닭에, 계시의 일차적 내용은 하나님이다. 호세아 선지자는 "우리가 여호와를 알자, 힘써 여호와를 알기를 추구하자"(호 6:3)고 촉구한바 있는데, 이는 "내 백성이 지식이 없으므로 망하고"(호 4:6) "깨닫지 못하는 백성은 망할"(호 4:14) 것이기 때문이었다. "유일한 참 하나님이신 아버지를 아는 것과 아버지께서 보내신 예수 그리스도를 아는 것"(요 17:3)이 영생이다. 그래서 아버지 하나님은 아들 하나님을 계시하고(마16:17), 아들 하나님은 아버지 하나님을 계시하신다. 이는 아버지 하나님만이 아들 하나님을 아시고, 또 아들 하나님만이 아버지 하나님을 알고 계시기 때문이다(마 11:27). "일찍이 아무도 하나님을 보지 못하였으나 아버지의 품 속에 계신 유일하신 하나님께서 나타내 보이셨다"(요 1:18).

예수님이 하신 말씀에 따르면, "나를 믿는 자는 나를 믿는 것이 아니라 나를 보내신 분(아버지 하나님)을 믿는 것이고, 나를 보는 자는 나를 보내신 분을 보는 것이다."(요 12:44-45) "너희가 나를 알았다면, 내 아버지도 알았을 것이다. 이제부터는 너희가 그 분을 알고 또 보았다."(요 14:7) "나와 아버지는 하나이다."(요 10:30). 그런데 성경이 바로 그 아들 하나님에 대하여 증언하고 있고(요 5:39; 참고, 눅 24:27, 44; 행 8:35), 아버지 하나님께로부터 나오시는 진리의 성령님도 성경을 가지고 아버지 하나님(롬8:15~16)과 그 아들에 대해 증언하신다(요 15:26). 성령이 아니고서는 아무도 아들 하나님이신 예수님을 주님으로 알고 고백할 수가 없는 것이다(고전 12:3). 이로 보건대, 성경 계시의 내용은 삼위일체 하나님과, 아버지 하나님이 보내시고 성령님이 성경을 가지고 증거하시는 성자 그리스도 예수님이시다.

1. 삼위일체 하나님

> 주 예수 그리스도의 은혜와 하나님의 사랑과 성령의 교통하심이 너희 무리와 함께 있을지어다. (고린도후서 13 : 13)

예수님께서 하신 말씀을 통해서 알 수 있는 대로, 계시의 주체이자 목적이신 하나님이 아버지 하나님과 아들 하나님과 성령 하나님 곧 삼위일체 하나님이시기 때문에, 계시의 내용 또한 바로 그 삼위일체 하나님이신 것이다. 예수님께서는 그의 제자들에게 주신 대위임 명령에서도 "아버지와 아들과 성령의 이름으로 세례를 주라"(마 28:19)고 하심으로써 삼위일체 하나님 되심을 밝히 말씀하셨다. 또한 바울도 오늘날 교회에서 축복 기도로 사용되고 있는 기원에서 삼위일체이신 하나님을 증거했다(고후 13:13).

웨스트민스터신앙고백은 진술하기를, "실체(substance)와 능력과 영원성에 있어서 동일한 삼위가 단일한 신격으로 있으니 성부 하나님과 성자 하나님과 성령 하나님이시다. 성부는 아무에게서도 기원하시지 않고, 나시지도 않으며, 나오시지도 않으나, 성자는 성부에게서 영원히 나시고, 성령은 성부와 성자로부터 영원히 나오신다."(2장 3항)고 하였다. 이 진술에 기초하여 설명하자면, 첫째, 본체에 있어서(in essence)(참고, 라틴어에서 유래된 영어 essence와 substance는 혼용되어 사용되고 있으나, essence는 '본질'을 가리키기도 함으로 '본체'로, substance는 '실체'로 번역함 ; 박형룡「교의신학신론」P. 199.) 삼위일체 하나님은 유일하신 분이다(신 6:4 "여호와는 우리 하나님이시고, 여호와는 한 분이시다." ; 사 45:5 ; 갈 3:20 ; 딤전 2:5 ; 약 2:19). 존재 자체로서 하나님의 본체는 영이시다(요 4:24). 성자 예수님도 성결의 영이시요(롬 1:4), 살리는 영이시며(고전 15:45), 자유케 하시는 영이시다(고후 3:17-18). 삼위 하나님은 본체가 영이시기에 한 몸(일체)으로서 한 분이신 것이다.

둘째, 실체에 있어서(in substance)(참고, 한국의 많은 신학자들이 substance를 '본체'로, essence를 '본질'로 흔히 번역해 왔음) 하나님은 위격이 각기 구별된 자존하시는 하나님(autotheos, God-in-himself)으로서 성부와 성자와 성령 곧, 삼위(세 분)이시다. 성부와 성자와 성령은 각기 신적 전본질을 가지고 있으나 구별된 위격적 실체로서 각기 고유한 특성들(properties)을 가지고 계신다. 따라서 성부와 성자와 성령 삼위 하나님은 본질에 있어서는 구별이 없으나, 위격에 있어서만 구별이 있으신 것이다. 즉, 세 분의 구별된 영이 아니시고 한 영이시요, 세 분의 구별된 위격이다. 이렇듯 삼위일체 하나님은 본체에 있어서는 한분이시나, 실체에 있어서는 세 분으로 그 존재 양식이 특이하여 이 세상에서 그 무엇으로도 비유될 수 없는 신비인 것이다. 따라서 어거스틴은 그의 삼위일체론에서 예화를 많이 생각해 보았으나 정확히 맞는 것이 없다 하였고, 칼빈은 아예 예화가 없다고 결론지었다. 산술적으로 1+1+1+=1이라는 방식을 빌려 보지만, 여기에는 삼위 간의 구별이 전혀 반영되지 않기 때문에, 이것도 적절하지 못하다. 삼위 하나님은 신적 본질, 곧 영의 경우 구별이 없기 때문에, 성부는 한 영이시고, 성자도 한 영이시며, 성령도 한 영이시라고 하면 안된다. 즉, 세 영이시기에 세 위격이라고 해서는 안되는 것이다. 본체의 하나(일체)임과 위격의 구별을 혼동하면 삼신론에 빠지게 된다.

셋째, 질서에 있어서(in order) 삼위 하나님은 성부가 먼저이시고, 즉 제1위이시고, 성자가 다음, 즉 제2위이시며, 성령이 마지막, 즉 제3위이시다. 본체에 있어서 영으로서 존재 자체이신 하나님은 실체에 있어서는 관계성 속에서 존재 행위가 나타나는 바, 성부는 위격의 기원이시고, 성자는 성부에게서 영원히 나시고(begotten), 성령은 성부와 성자에게서 영원히 나오신다(proceeding). 성부가 성자를 낳으신다는 것은 성자 예수님의 성육신을 가리키기 보다는(참고, 눅 1:35), 성부와 성자 간에 있는 아버지와 아들의 영원한 관계를 의미한다. 그래서 시편 2편 7절과 사도행전 13장 33-34절에 의하면 그리스도의 부활과 관련하여 "너는 내 아들이다. 오늘날 내가 너를 낳았다"라고 성부 하나님이 성자에 대하여 말씀하셨던 것이다. 이같은 질서를 인하여 성자는 성부에게, 성령은 성부와 성자에게 순종하시는 것이다.

넷째, 관계에 있어서(in relationship) 삼위 하나님은 사랑으로 하나된 공동체(a communion of love)이다. 성자는 성부와 함께 같은 성령을 가지고 계시므로 성부와 함께 한 하나님이시다. 성부는 전체로 성자 안에 내주하시고, 성자는 전체로 성부 안에 상호 내주하신다 (칼빈,『기독교강요』 I . xiii. 19). 즉 상호 교통(perichoresis)하는 가운데 내어 주심과 섬김과 사귐의 사랑에 있어서 하나이시다 (요 10:38; 14:10-

11; 17:21). 성부는 성자에게 하늘과 땅의 모든 권세와 심판권까지 내어 주시고(요 3:35; 5:22-23), 성자는 성부에게 자신의 몸을 속죄제물로 내어 주시며(요 10:15-18; 롬 3:25), 성령은 성자와 하나님의 교회에게 성령을 충만하게 부어주신다(요 1:32; 행 10:38; 행 2:33). 삼위 하나님은 서로 사랑하고 기뻐하며 즐거워하시는 까닭에(마 3:17; 요 17:4) 사랑의 일체이시요, 또한 사랑이시다(요일 4:16).

성부는 성자를 계시하고(마3:17 ; 16:17), 성자는 성부를 계시하며(마 11:27 ; 요1:18 ; 14:7), 성령은 성부와 성자를 계시한다(롬8:15~16 ; 요15:26 ; 고전12:3). 또한 아버지 하나님은 세상을 사랑하시어 그의 유일한 아들을 보내셔서 십자가에서 희생제물이 되게 하심으로 자기의 사랑을 확증하셨고(요3:16 ; 롬5:8), 아들 예수 그리스도는 십자가에서 죽기까지 순종하여 자기의 목숨을 내어줌으로 아버지 하나님의 사랑을 나타냈다(빌2:8 ; 요10:11). 성령은 이같은 사랑을 우리 마음에 부어 넘치게 하신다(롬5:5). 그러기에 삼위일체 하나님은 사랑이시요, 이 삼위일체 하나님을 아는 것이 신학과 신앙의 기본이다.

다섯째, 경륜에 있어서(in economy) 즉, 창조와 섭리와 구원에 있어서 각기 독특하게 그러면서도 하나로 일하신다. 성부 하나님께서는 말씀으로 온 세상을 창조하시되(히 11:3), 성자 예수 그리스도 안에서, 그 분으로 말미암아, 그분을 위하여 창조되게 하셨고(골 1:16), 또 그분 안에서 우리를 선택하시고 그분으로 말미암아 하나님의 아들로 받아들이시어(엡 1:4-5) 성령으로 인치셨다(엡 1:13-14). 이로 보건대, 삼위 하나님은 본체와 실체 및 질서와 관계와 경륜에 있어서 하나이시기에 삼위일체이시다. 하나님은 한 본체(essence)이기에 유일신이요, 신적 전 본질(the whole divine nature)을 각기 소유하고 있는 세 실체(substance)로 존재하기에 삼위 곧 세 분이며, 삼위가 한 본체로 존재하기에 삼위일체이다.

2. 복음 : 그리스도가 예수님이시다.

> 그 여자가 아들을 낳을 것이니, 그 분의 이름을 예수라고 하여라.(마태복음 1:21상)

아담과 하와가 사탄의 미혹을 받아 선과 악을 알게 하는 나무의 열매를 먹지 마라 하신 하나님의 말씀을 불순종하여 범죄하였을 때(창 3:1-6), 하나님은 뱀 곧 사탄 마귀를 저주하며 말씀하시기를 "네가 이렇게 하였으니, 너는 모든 가축과 모든 들짐승보다 더욱 저주를 받아 배로 다니고 평생토록 흙을 먹게 될 것이다. 내가 너로 여자와 원수가 되게 하고 네 후손도 여자의 후손과 원수가 되게 할 것이니, 여자의 후손은 내 머리를 상하게 할 것이고 너는 발꿈치를 상하게 할 것이다"(창 3:15)하셨다. 이 말씀에 의하면 여자에게서 날 후손이 비록 그의 발꿈치가 치명적으로 상처를 입게 되지만, 사탄을 결정적으로 패배시키고 승리하신다. 그래서 이 약속의 말씀대로 "때가 찼을 때에 하나님께서 자기 아들을 보내셔서 여자에게서 나게 하시고"(갈 4:4) "성령과 능력으로 기름을 부으시어(행 10:38) 십자가로 악한 사탄 마귀를 무력화시켜 승리하게 하셨다(골 2:15). 예수님께서 여자인 마리아에게서 태어날 때 오직 성령으로 잉태되어 태어나셨다(마 1:20; 눅 1:35). 그가 사람의 몸으로 태어났기에 마리아에게서 사람의 실체(substance), 곧 피와 살을 받아 태어났다(웨스트민스터신앙고백 8장 2항; 대요리 37문답). 그러기에 예수님은 오직 성령으로만 잉태되었고, 마리아의 월경의 피를 공급받아 잉태되거나 태어난 것이 아니다. 의학적으로, 임산부의 피가 태아에게 직접 흘러 들어가는 일은 없다.

사탄의 머리를 상하게 할 여자의 후손에 대해 약속한 창세기 3장 15절의 말씀은 하나님의 원복음(proevangelium)이다. 이 여자의 후손은 하나님의 기름부음을 받은 메시아(시 2:2)인 바, 아브라함의 경우 그의 후손(창 12:7)으로 약속되었다. 이에 관하여 바울은 이렇게 말했다. "하나님께서 아브라함과 그의 자손에게 약속들을 주시면서, 여러 사람을 가리켜 '그리고 네 자손들에게' 라고 하시지 않고 오직 한 사람을 가리켜 '그리고 네 자손에게' 라고 하셨으니, 이분이 곧 그리스도이시다." (갈 3:16). 이 여자의 후손 곧 메시아(헬라어로는, 그리스도)가 모세의 경우는 '나와 같은 선지자 하나' 로 약속되었다. 베드로는 말하기를 하나님의 기름부음을 받은 이 선지자가 바로 그리스도 예수님이라 하였다(행 3:22). 다윗의 경우는, '네 몸에서 나올 네 후손' 의 왕국의 보좌를 영원히 견고하게 할 것이라고 하나님이 약속하셨던 바(삼하 7:12-13), 그 후손이 하나님께서 기름을 부으신 바로 그 주님이시요(히 1:8-9) '영도자(임금)와 구주' (행 5:31)이시다. 그리고 이사야의 경우를 보면, 여호와께서 성령으로 기름을 부으신 메시아 곧 그리스도(사 42:1; 61:1)는 처녀가 잉태하여 낳을 아들로서 그의 이름이 임마누엘이며(사 7:14), 이 임마누엘이 바로 마리아에게서 태어날 그의 아들 예수님이시다(마 1:21, 23).

이로 보건대, 구약에서 아담과 아브라함 및 모세와 다윗과 이사
야 등에게 하나님이 약속하신 바 성령으로 기름을 부으신 메시아 곧
그리스도가 예수님이시요, 그 그리스도가 예수님이시라고 하는 것이
하나님의 복음이다. 그래서 마태는 예수님의 족보를 통해서 "그리스
도라고 하는 예수께서 태어나셨다"(마 1:16)고 하였다. 누가복음서에
보면, 베들레헴 부근에서 양을 치던 목자들에게 나타난 천사가 전
해 준 복음은 다윗의 동네인 베들레헴에 이름이 예수라고 하는(참고.
눅 1:31) 구주가 태어났는 바, 그 아기 예수는 구약에서 약속된 그리스
도 주님이시라고 하였다(눅 2:11). 즉, 복음이란 하나님이 구약에서 약
속하신 그리스도가 때가 차서 여자에게서 태어난 그 예수님이시라는
것이다. 한 마디로, "그리스도가 예수님이다." 이것이 바로 복음이다.
그래서 사도 바울은 말하기를, 하나님께서 선지자들을 통하여 성경
에 미리 약속하신 복음이란 "우리 주 예수 그리스도이시다"(롬 1:2-4)라
고 한 것이다. 이런 까닭에, 바울은 그의 여러 서신들에서 예수님을
호칭할 때 "그리스도 예수님"이라 하였고(딤전 1:1, 2; 딤후 1:1, 2; 롬 8:1,
2, 11; 고전 1:2; 갈 3:26; 엡 1:1; 빌 1:1), 자기를 소개할 때도 "그리스도 예수
님의 종" 또는 "그리스도 예수님의 사도"(롬 1:1; 고전 1:1; 고후 1:1; 엡 1:1;
빌 1:1; 골 1:1; 딤전 1:1; 딤후 1:1)라고 함으로써, 그리스도가 예수님이시라
고 하는 복음을 드러냈던 것이다.

　　하나님이 구약에서 선지자들을 통하여 성경에 미리 약속하신 그
그리스도가 예수라는 이름으로 여자에게서 태어나셨던 바, 이 예수
님이 복음이신 것은 그가 참 하나님이시자 참 사람이셨기 때문이
다. 예수님께서 참 하나님이시자 동시에 참 사람이라고 하는 것은

영원 전부터 감추어져 있었던 하나님의 비밀의 계시로서, 이제 밝혀졌기에 복음인 것이다(참고, 롬 16:25).

본래 하나님의 형상 곧 참 하나님(참고, 요 1:18; 20:28; 요일 5:20; 벧후 1:1; 롬 9:5; 딛 2:13)이신 그리스도 예수님께서 종의 형체를 취하여 사람의 모양 곧 참 사람이 되신 것(빌 2:6-7; 딤전 2:5)은 처음부터 거짓말쟁이요 살인자로서 사망의 권세를 가진 사탄 마귀를 멸하고(히 2:14; 요일 3:8), 십자가에서 죽기까지 아버지 하나님께 순종하여 자신의 몸을 속죄제물로 내어 주심으로(막 10:45; 롬 3:25) 죄 값을 지불하여 하나님의 공의를 만족시키고(롬 3:25-26; 5:18) 죄를 없앨 뿐 아니라 죄의 실체인 사탄 마귀를 무장해제하여 무력화시켜 십자가로 승리하기 위함이었다(골 2:15). 이렇듯 예수님이 참 하나님이시자 참 사람이시기에 죄와 죄의 실체인 사탄 마귀를 멸하고 승리하여 죄 문제를 해결하고, 이로써 우리에게 구원의 행복과 감격을 주실 수 있기 때문에, 참 하나님이시자 참 사람이신 그리스도 예수님이 하나님의 비밀이요, 복음이다. 이 복음은 하나님이 선지자들을 통하여 주셨기에 하나님의 복음이요(막 1:14; 롬 1:1, 2), 십자가에 못 박혀 죽고 죽은 자들 가운데서 부활하신 그리스도 예수님이 복음이시기에 예수님의 복음이며(롬 1:9; 15:19), 이 복음으로 하나님의 나라가 세워지는 까닭에 하나님 나라의 복음이다(마 4:23; 눅 4:43)

6장

계시의 목적

예수 그리스도의 태어나심은 이러하다. (마태복음 1 : 18상)

마태는 그의 복음서에서 예수님의 족보를 통해 구약에 예언된 그리스도가 마리아에게서 태어난 예수님이심을 밝힌(마 1:16) 다음, 예수님의 탄생 사건을 소개하면서는 마리아에게서 태어나는 예수님이 바로 그 그리스도라고 하였다. 마태에 의하면, 하나님의 계시의 목적은 예수님이 그리스도이신 것 곧 복음을 선포하는 것이다. 그래서 사도 베드로가 오순절에 성령의 충만을 받자, 목소리를 크게 높여 선포하기를, "너희가 십자가에 못 박은 이 예수님을 하나님께서는 주님과 그리스도가 되게 하신 것이다."(행 2:36)라고 하였는가 하면, "이분을 오른손으로 높여 영도자와 구주로 삼으셨다"(행 5:31)고도 하였던 것이다.

1. 예수님이 그리스도이심을 선포하는 것

> 오직 이것들을 기록하는 것은 너희들이 예수께서 그리스도이시며, 하나님의 아들이심을 믿게 하려는 것이고, 또 너희로 믿고 그분의 이름을 힘입어 생명을 얻게 하려는 것이다.(요한복음 20 : 31)

구약에서 예언되고 약속된 그리스도가 여자에게서 난 예수님이시라고 하는 것이 계시의 내용, 곧 복음이라고 한다면, 그 예수님이 구약에서 예언된 바로 그 그리스도 되심을 선포하는 것이 계시의 목적이다. 사도 요한이 복음서를 기록한 목적에서 밝힌 대로, 예수님이 그리스도이시요 하나님의 아들이심을 선포하여 그분을 믿어 영생을 얻게 하려고 한 것이 바로 계시의 목적인 것이다.

예수님께서는 그의 공생애가 거의 끝나갈 무렵 곧, 그가 땅에서 들려 하늘로 올라가실 날이 가까워져 예루살렘으로 갈 것을 마음에 확정하셨던 때(눅 9:51), 북쪽 두로와 시돈을 다녀온 후(마 15:21) 갈릴리 바닷가에서 앉은뱅이와 벙어리 등 많은 병자들을 고쳐 주시고(마 15:29-31), 가버나움 남쪽 마가단 지역으로 내려가신 다음(마 15:39), 예루살렘 쪽으로 내려가는 대신 방향을 바꾸어 북쪽 맨 끝에 있는 빌립보의 가이사랴 지방으로 제자들을 데리고 올라가셨다(마 16:13). 두로와 시돈 지역에 들리셨을 때 거기서 곧 바로 빌립보의 가이사랴로 갔더라면 좋았을 것 같은데, 예수님은 갈릴리 바닷가로 되돌아오시어 예루살렘으로 내려가실 것 같던 그의 발걸음을 바꾸어 북쪽 먼 곳으로 올라가신 것을 보면, 예수님은 굉장히 의도적이었다.

　　당시 빌립보의 가이사랴는 지중해 연안에 있는 로마 총독의 거주지인 가이사랴와 다른 도시로서 헤롯 빌립이 로마 황제 아우구스트를 경외하여 그를 위해 대리석 신전을 짓고서 그 지방 이름을 가이사랴라고 지었던 곳이었다. 또한 바알 제단이 있어 바알 숭배로 유명한 곳이기도 했다. 그래서 그 지방은 로마 황제의 권위와 바알 종교가 함께 있어, 세속적 권위와 우상 숭배로 유명하였다. 그 지방은 헐몬산 자락에 있어 물이 지하에서 솟아 나와 요단강을 이루는 수원지로서 풍요의 땅이기도 했다. 그래서 그 수원지 위 언덕에는 큰 반석의 바알 제단이 있었다. 거기서 예수님이 그의 제자들에게 "사람들이 인자를 누구라고 하느냐?"고 물으셨는가 하면, "그러면 너희는 나를 누구라고 하느냐?"고 물으셨던 것이다(마 16:13-15 상).

　　그때 베드로가 대답하여 말하였다. "주님은 그리스도이시며 살아 계신 하나님의 아들이십니다."(마 16:15 하). 예수님은 로마 황제의 신전과 바알 제단이 있는 빌립보의 가이사랴에서 의도적으로 베드로에게서 신앙고백을 받아내셨다. 베드로는 자기가 3년간 수종 들었던 예수님이 로마 황제의 세속적 권위나 바알의 우상으로서의 권세와는 비교될 수 없는 신적 권위와 능력이 있는 그리스도요 하나님의 아들이심을 고백하고 선언하였던 것이다. 그때부터 예수님은 자신이 예루살렘으로 가야 할 것과, 거기서 십자가에 못 박혀 고난을 받고 죽임을 당해야 할 것과 제삼일에 부활하실 것을 밝히 말씀시기 시작했다(마 16:21). 이로 보건대, 예수님이 그리스도이신 것과, 그의 십자가의 죽음과 죽은 자 가운데서의 부활을 선포하는 것이 계시의 목적이다.

그래서, 사도행전에 보면, 베드로가 예수님이 그리스도이심을 선언했고(행 2:36), 바나바와 빌립도 그리스도와 복음을 선포했으며(행 7:56; 8:5, 12), 바울은 다마스쿠스로 가던 길에서 영광 중에 나타나신 예수님을 만난 후 즉시 회당에 들어가서 더욱 힘을 내어 예수님이 그리스도이시라는 것을 증명하였다(행 9:22). 뿐만 아니라, 선교사역의 범위를 넓혀 가면서 예수님의 십자가에서의 대속적 죽음과 부활을 해석하여 "내가 너희에게 전하는 이 예수님이 그리스도이시다"(행 17:3)라고 전하였다. 그는 고린도와 에베소에서도 말씀에 붙잡혀 성경을 통해 예수께서 그리스도이심을 유대인들에게 증언하였고(행 18:5, 28), 로마에서는 이년 내내 셋집에 머물면서 자기에게 오는 이들을 다 영접하여 아침부터 저녁까지 하나님 나라를 강론하고 성경의 글을 가지고 예수가 그리스도이심을 담대하게 가르쳤다(행 28:23, 31).

이로 말미암아, 바울의 서신들을 보면 "우리 주 예수 그리스도"라는 표현을 흔히 사용하여 예수님이 그리스도이심을 증거하고 있다(롬 1:4, 7; 16:27; 고전 1:2, 7; 고후 1:2, 3). 특히 디도에게 보낸 서신에서는 "우리의 크신 하나님 구주 예수 그리스도"(딛 2:13)라 하였다. 베드로도 그의 서신에서 "우리 하나님, 곧 구주 예수 그리스도"(벧후 1:1) 또는 "우리 주님, 곧 구주 예수 그리스도"라고 표현하였다. 이렇듯, 예수님께서 그리스도이심을 선포하는 것이 바로 계시의 목적이다. 그래서 하늘에 계신 아버지 하나님께서는 베드로에게 예수님이 그리스도이심을 증거케 하려고 계시해 주셨던 것이다(마 16:17).

2. 예수 그리스도가 복음임을 선포하는 것

> 이 복음은 하나님께서 선지자들을 통하여 성경에 미리 약속하신 것으로 성경말씀 곧 우리 주 예수 그리스도이시다.(로마서 1 : 2,4하)

구약에서 하나님이 선지자들을 통해 약속하셨던 대로 그리스도가 여자에게 태어났으며, 그 태어난 자가 바로 예수님이셨다. 예수님의 탄생이 복음(눅 2:10)인 것은 하나님의 약속된 그리스도가 예수님이시기 때문이다. 그러므로 그리스도가 예수님이신 것이 복음이다.

그런데 신약에서 복음서와 사도행전과 서신들을 보면, 참 하나님이시자 참 사람이신 예수님이 구약에서 약속된 바로 그 그리스도 되심을 증거하였던 바, 대제사장과 선지자와 왕의 삼중직을 친히 어떻게 행사하셨는가를 선포하였다. 이렇듯 계시의 목적은 예수 그리스도가 복음이신 것을 선포하는데 있다. 그래서 바울은 로마교회에 보낸 그의 서신의 초두에서 "이 복음은 우리 주 예수 그리스도이시다"(롬 1:2, 4하)라고 선포하였던 것이다.

예수님은 그리스도로서 대제사장과 선지자와 왕의 직분을 친히 다 행하셨다. 그는 대제사장으로서 죄 값을 지불하는 영원한 속죄 제물로 단번에 자신의 몸을 십자가에서 내어 주셨고(히 9:12; 막 10:45), 중보자로서 자신의 피를 가지고 하늘 지성소에 들어가 하나님 보좌 우편에서 자기 백성의 죄 용서를 위하여 중보기도하신다(히 7:24-25). 이로써 대제사장이신 그리스도께서는 죄를 해결하시는 것이다. 우리의 대제사장이신 예수 그리스도는 죄의 해결자이시다.

또한 그리스도께서는 하나님과 모든 백성 앞에서 구약의 모세보다 행위와 말씀에 더 권능이 있는 선지자로서(눅 24:19; 행 7:37) 하나님의 복음의 비밀을 계시하여 하나님의 백성된 자들이 성령과 진리로 하나님을 예배하게 하고(요 4:23) 하나님과 깊은 영적 사귐을 갖게 하신다(요일 1:3). 이렇듯 선지자이신 그리스도는 예배의 회복자이시다.

한편 그리스도는 평강의 왕이요(사 9:6), 다윗의 왕위를 물려받은 통치자이시며(눅 1:31-33; 행 5:31), 만왕의 왕이시다(계 19:6). 그는 왕으로서 하나님 나라의 백성의 대적자요 원수(벧전 5:8)이며 죄의 실체(롬 7:8-23; 요일 3:8)인 사탄 마귀를 멸하여 이기시고(골 2:15; 히 2:14), 마귀가 하는 정죄와 고소와 저주를 막으신다(롬 8:34). 이렇듯 왕이신 그리스도는 죄의 해결자요 마귀를 멸하여 이기신 자이시다.

요약하자면, 때가 차서 여자에게서 나신 예수님이 구약에서 선지자들을 통하여 약속되고 예언된 그리스도이심을 우리가 알고 믿을 뿐 아니라, 대제사장이요 선지자요 왕이신 그리스도께서 죄를 해결하시고 죄의 실체인 마귀를 이기시며 예배를 회복하심으로 우리가 죄와 악한 마귀의 권세로부터 해방되어 하나님의 자녀의 권세와 자유를 가지고 하나님 나라의 백성으로서 영생을 누리게 된다는 것을 증거하고 선포하는 것이 계시의 목적이다(참고, 요 20:31).

7장

계시의 성질과 성경의 특성

예수 그리스도께서는
어제나 오늘이나 영원토록 동일한 분이시다.(히브리서 13 : 8)

하나님의 계시의 내용이 예수 그리스도이시고, 그 예수 그리스도께서는 어제나 오늘이나 영원토록 동일하신 분이시기 때문에, 하나님의 계시는 동질성이 있고, 계시의 내용과 목적이 성경 66권을 통해 유기적으로 연결되어 있어서 통일성이 있으며, 계시가 역사적으로 점점 뚜렷해지는 점에서 역사적 점진성이 있고, 성경 계시가 양적으로 적당하게 맞춰져 있기 때문에 경제성이 있을 뿐 아니라, 하나님의 계시는 항상 살아 있고 활동력이 있기에 항상성과 활동성 등이 있다.

이 특별계시의 책인 성경은 웨스트민스터신앙고백서에 따르면, 절대적 필요성, 영감성과 무오성, 신적 권위, 독자적 신임성, 충분성, 자명성, 그리고 최종성 등의 특성을 가지고 있다.

1. 계시의 성질

> 그러자 예수께서 그들에게 말씀하기 시작하여 "오늘 이 성경이 너희가 듣는 가운데 성취되었다."라고 하시니.(누가복음 4 : 21)

예수님은 그의 사역을 처음 시작하시던 때 안식일에 회당에 들어가셔서 성경 중 이사야의 책을 읽으시고 이 성경 말씀이 오늘 예수님 자신을 통해서 성취되었다고 말씀하셨다. 즉 성경에 기록되어 있는 대로 하나님의 계시가 내용상 하나요 또 전체적으로 통일되어 있기 때문에, 그 계시가 예수님에게서 성취될 수 있었던 것이다.

1) 계시의 성육신성

계시는 하나님이 주신 것이기에 신적이면서도 인간의 역사와 문화 속에서 성령의 감동 아래 일상적 언어로 주어진 것이기에 성육신적이다(참고, 피터 엔즈, 「성육신의 관점에서 본 성경영감설」). 그리스도께서 하나님이신 동시에 인간이신 것처럼 성경도 마찬가지이다. 하나님은 자기를 알리시고 복음의 진리를 계시하실 때 신령한 천상의 음성이나 방언으로 하기 보다는 유대인들의 사회에서 사용된 일상적인 언어와 글인 히브리어와 아람어와 헬라어로 하셨다. 고급언어가 아니라 모든 사람들이 쉽게 알아들을 수 있고 당대의 문화를 반영하는 말을 사용하셨던 것이다.

예를 들면, 창세기의 족장들의 세계는 하나님의 창조와 인간의 타락과 하나님의 구원사역에 의한 것이지만, 고대 근동의 사회적 문화적 배경과 여러 가지로 유사한 점이 있다. 종을 상속자로 삼는 것(창15:2~3)과, 몸종을 첩으로 주어 후대를 생산케 하는 것(창21:10 ; 25:5~6)이나, 결혼을 결정할 때 결혼 당사자의 동의를 구하는 것(창24:28~61) 등은 누지(Nuzi)문헌에 나오는 제도들과 거의 동일하다. 이는 세속의 신화나 법률보다 앞선 하나님의 진리의 계시가 세월의 흐름 속에 전달되는 과정에서 와전 또는 곡해되어 세속의 신화나 법률에 반영되었을 수 있기 때문이다. 신약의 경우, 예수님의 탄생 이야기는 고대 페르시아 천문학자들의 별자리 연구를 반영하여 마태는 기록하였고(마2:1~12), 바울은 아테네의 철학자들에게 전도하면서 이방인 시인의 글을 인용하여 하나님의 살아계심과, 우리가 하나님의 자녀 됨을 변증하였다(행17:28~29).

이렇듯 하나님은 자기의 진리를 계시하심에 있어서 세속의 신화나 법률 등을 직접적으로 사용하신 것은 아니지만, 스스로 낮아지셔서 인간의 문화를 간접적으로 반영되게 하시고 인간의 삶의 현장에서 그들을 만나시어 그들의 일상적인 언어로 자신을 계시하신 것이다.

2) 계시의 다양성

하나님이 자신을 계시하심에 있어서 인간의 다양한 역사에 깊이 관여하시고 인간의 다양한 문화를 사용하시기 때문에 계시에는 다양성이 있다. 하나님은 수천 년의 역사 속에서 수많은 선지자들을 그의 뜻을 계시하셨고(히1:1~2), 인간 역사의 복잡한 상황 속에서 자신을 알리셨다. 간단한 예로, 잠언 26:4에는 "우둔한 자의 어리석음을 따라 대답하지 마라"고 하셨으나, 바로 그 다음 구절에는 "우둔한 자의 어리석음을 따라 대답해 주어라"고 되어 있다. 그리고 잠언 10:15에는 재물이 견고한 성과 같아 아주 좋은 것이라고 하였고 전도서 10:19에는 "돈은 만사를 해결한다"라고 하였으나, 잠언 18:11에는 그 재물이 성벽같이 여겨져 교만케 한다고 하였다. 신약의 경우 바울의 서신들을 보면 서신을 받은 교회의 형편과 문제들을 따라 다양한 주제와 내용으로 기록되었다.

이같은 계시의 다양성을 인하여 성경을 해석함에 있어서 우리는 문맥의 역동성을 고려하여 역사적 문법적으로 해야 하는 것이다.

3) 계시의 동질성

창세기 3장 15절에 약속된 여자의 씨와 더불어 아브라함이나 다윗 그리고 이사야 선지자 등에게 주신 계시가 내용에 있어서 복음이신 예수 그리스도이기 때문에, 계시는 성질상 동일하다. 죽임을 당한 어린양이 시편 22편이나 이사야 53장 등에 계시되어 있는 바, 이 어린 양은 태초부터 이미 죽임을 당한 것으로 계시되어 있다가 (계 13:8) 예수님으로 나타나셨다(요 1:29, 36). 모든 성경은 오직 예수님만을 증거한다(요 5:39). 그래서 부활하신 예수님은 엠마오로 가는 두 제자들에게 성경을 열어서 자신에 관한 것들을 자세하게 설명하셨고(눅 24:27), 빌립 집사는 에티오피아 여왕 간다게의 내시에게 이사야서의 구절을 가지고 시작하여 예수님에 관한 복음을 전할 수 있었던 것이다(행 8:26-35).

4) 계시의 유기적 통일성

사탄에게 발꿈치가 상하게 될 여자의 후손을 약속한 창세기 3장 15절과 창세 전에 이미 죽임을 당한 어린양에 대해 언급하고 있는 계시록 13장 8절의 말씀은 수천 년의 시간적 간격이 있음에도 불구하고 질적으로 동일할 뿐 아니라, 서로 통일을 이루고 있다. 그리고 구약에서 예언된 말씀들이 신약에서 그대로 성취된 사실들로 미루어 볼 때 성경 계시에는 유기적 통일성이 있다. 그래서 마태는 임마누엘 예수님의 탄생과 관련하여 말하기를, "이 모든 일이 일어난 것은 주께서 선지자(이사야)를 통하여 하신 말씀을 성취하시려는 것이니"(마 1:22)라고 했고, 아기 예수님의 이집트 피신에 대해서도 주께서 선지자(예레미야)를 통해 하신 말씀을 성취하려는 것이라고 했다(마 2:15).

어떤 이들은 성경 계시의 유기적 통일성과 관련하여 이사야서 34

장 15-16절을 인용하는데, 그 구절은 짐승들의 짝에 대하여 상세하게 언급한 책(예컨대, 욥기 38-39장)을 가리켜 말씀된 것으로, 계시의 유기적 통일성과는 전혀 관계가 없다. 이같은 잘못을 범하지 않도록 「바른성경」(한국성경공회, 2011년)은 "거기에 솔개들도 모여 각기 자기 짝과 함께 있을 것이다. 여호와의 책을 구하여 읽어 보아라. 이것들(짐승들) 가운데 하나도 빠진 것이 없고, 그의 짝이 없는 짐승도 없을 것이니,… 그분의 영이 그들을 모으셨기 때문이다"(사 34:15-16)고 정확하게 번역해 놓았다.「성경전서 표준 새번역」(대한성서공회, 1993년)에도 같은 의미로 잘 번역되어 있다.

5) 계시의 역사적 점진성

하나님의 계시는 역사적으로 점진적이다. 하나님이 아담에게 약속한 계시(창 3:15)가 아브라함(창 17:21)과 다윗(삼하 7:12, 13) 그리고 이사야(사 7:14)로 이어지면서 점점 더 분명해졌다. 즉, '여자의 씨'로 시작해서, 아브라함의 후손, 다윗의 왕권을 영원히 세울 자손, 임마누엘 등 메시아에 대한 약속이 점점 더 분명해진 것이다. 그리고 마침내 하나님의 때가 차매 마리아에게서 메시아로 태어났다(갈 4:4). 하나님의 계시는 역사 속에서 시간의 흐름과 함께 점점 더 분명해지는 바, 역사적 점진성이 있는 것이다.

6) 계시의 경제성

성경의 계시는 수천 년을 두고 수많은 사람들을 통해 주어졌기 때문에, 그 계시를 다 기록해 두었다고 하면 그 분량이 너무나 방대

했을 것이기 때문에(요 21:25), 하나님은 지금의 성경 66권으로 자기의 계시를 압축해 놓으셨다. 이것이 바로 계시의 경제성이다. 하나님이 보시기에 이 정도 분량의 계시로 충분하기 때문에, 하나님은 더 이상의 새로운 계시를 주시지 않고, 이만큼의 계시를 가지고 하나님과 그의 구원의 비밀을 알게 되기를 원하시는 것이다. 그래서 하나님은 지금의 성경만을 가지고 성령으로 계시하시기를 기뻐하신다. 이같은 이유로 오늘의 교회에는 계시의 홍수 사태나 혼란이 있지 않게 되었다.

7) 계시의 항상성

하나님께서는 모든 사람들이 쉽게 볼 수 있도록 우주의 모든 창조 가운데 자신을 계시하시되(시 19:1; 롬 1:20) 매일같이 나타내 보여주고 있는 것처럼(칼빈, 「기독교강요」 I.v. 1, 2), 자기 백성들로 하여금 하나님을 창조주요 아버지로 깊이 알게 하려고 하나님의 항상 있고 살아있는 말씀 곧 성경을 통해서 날마다 계시하신다(칼빈,「기독교강요」 I. vi. 1, 2). 그래서 시편 기자는 온종일 성경을 묵상하였고(시 119:97), 베뢰아 사람들은 날마다 성경을 상고하였으며(행 17:11), 이른 아침부터 저녁까지 바울은 성경을 가지고 강론하였던 것이다(행 28:23).

하나님께서는 자기 백성이 하나님을 언제라도 알 수 있게 되기를 원하시는 까닭에, 하나님의 계시가 항상 있고 살아 있으며 영원토록 있는 것이다(벧전 1:23, 25). 하나님의 말씀 계시가 항상 있고 살아 있는 것은 계시의 주체이신 하나님 자신이 항상 살아 계시고(신 5:26; 수 3:10; 욥 19:25), 또 예수 그리스도가 항상 살아 계시어 어제나 오늘이나 영원토록 동일하시기 때문이다(히 13:8). 이처럼 하나님이 살아 계시고 예수 그리스도 또한 항상 동일하시기 때문에 그의 말씀 계시도 영생 곧 영원히 살아있는 생명을 주는 것이다(참고, 신 32:47; 요 5:39; 요 6:63, 68). 모세는 광야에서 하나님의 살아 있는 말씀을 받아 전해 주었다(행 7:38).

성경과 하나님의 유일한 특별 계시인 예수님(참고, 히 1:2, 3: 요 1:18) 외에 다른 새로운 계시는 없다. 그러나 하나님의 특별계시가 항상 있고 살아 있는 바(히 4:12), 이것이 계시의 항상성이다. 하나님께서는 우주 만물을 통해서 매일같이 자신의 영광과 신성과 지혜와 능력을 나타내 계시하고 있듯이, 성경을 통해서 항상 말씀하시고 자신의 구원의 비밀을 계시하여 우리로 하여금 믿어 영생을 누리게 하신다(요 20:31). 하나님의 일반계시 뿐 아니라 특별계시도 항상 있는 것이다. 자연만물이 항상 있고 살아있듯이, 성경과 예수님도 항상 있고 살아 있어 날마다 새롭게 계시하신다. 웨스트민스터 신앙고백도 진술하기를 "이 믿음으로 말미암아 말씀으로 친히 말씀하고 계시는 하나님의 권위를 인하여 말씀 안에 계시되어 있는 것을 기독교인은 참된 것으로 믿는다"(14장 2항)고 했다. 이같은 진술에 나타나 있는 대로, 하나님은 말씀(성경)으로 말씀하고 계시며, 말씀으로 친히 현재적으로 계시하고 있는 것이다. 그래서 바울은 말하기를, 그가 전하는 선포된 말씀을 하나님의 계시의 말씀으로 알았고, 그 말씀이 성도들 안에서 활동하고 있다고 했다(살전 2:13). 하나님은 아담 이래로 자기의 계시의 말씀인 성경을 가지고 친히 말씀하시어 계시하고 계신다(칼빈,「기독교강요」I. vi. 1). 성경만이 하나님의 유일한 계시이므로, 다른 새로운 계시는 없다. 성령님은 새로운 계시를 만들어 내지 않으신다(칼빈,「기독교강요」 I. ix. 1-2). 그래서 모세 뿐 아니라 아굴도 성경 말씀에 더하거나 빼지 말라고 하였다(신 4:2; 12:32; 잠 30:6; 참고, 계 22:18, 19).

8) 계시의 활동성

하나님의 계시는 영원토록 항상 있고 살아 있기 때문에 활동성이 있다. 그래서 히브리서 기자는 이렇게 말했다. "과연 하나님의 말씀은 살아 있고 활동력이 있으며 어떤 양날 선 검보다도 더 날카로워서, 혼과 영과 관절과 골수를 찔러 쪼개기까지 하며 마음과 생각과 의도를 분별해낸다"(히 4:12). 하나님의 말씀 계시는 살아 있기 때문에 죽은 영혼을 거듭나게 하며(벧전 1:23), 천지를 창조하는 능력도 있다(히 11:3; 창 1:3).

이 말씀은 성령의 검(엡 6:17)으로서 사탄 마귀와 그것의 왕국을 무너뜨리고 패배시키는 권세가 있을 뿐 아니라, 마귀의 무너진 왕국 위에 그리스도의 왕국을 세우는 권세가 있다(참고, 매튜 헨리). 성령의 검의 힘으로 악령을 무력화시키면 하나님의 나라가 임하는 것이다(마 12:28). 그런가하면 하나님의 말씀은 사람의 행실을 성령을 통해서 깨끗케 하기도 한다(시 119:9; 엡 5:26; 딤전 4:5; 딛 3:5). 또한 말씀이 우리 안에 있게 되면 우리의 기도가 응답되는 역사가 나타나고(요 15:7), 많은 성령의 열매들을 맺게 되며(요 15:8; 갈 5:22-23), 성령 충만하여 방언을 하게도 되고(행 10:44-48; 참고, 행 11:1에는 이방인 성도들이 성령 받은 사건을 하나님의 말씀을 받은 것과 연결 짓고 있다.), 말씀이 있는 곳에 희한한 기적들이 행하여진다(행 19:10-12). 하나님의 말씀 계시가 죄로 죽은 자를 살리고, 가정과 사회와 교회를 살리는 능력과 권세가 있는 바, 이는 계시를 주시는 하나님이 항상 살아 계시어 활동하시는 분이시요, 그것이 가지고 있는 활동성 때문이다.

2. 성경의 특성

> 여호와의 율법은 완전하여 영혼을 소생시키고, 여호와의 증거는 확실하여 어리석은 사람을 지혜롭게 하며… 여호와의 명령은 순수하여 눈을 밝게 한다. (시편 19 : 7-8)

1) 성경의 절대적 필요성

하늘이 하나님의 영광을 선포하고 그의 신성과 능력과 지혜를 선포하고 있어도(시 19:1), 우리의 영혼을 소생시키고 마음을 즐겁게 하며, 우리의 허물을 깨달아 회개하여 큰 죄악에서 자신을 지켜 깨끗하게 하여 하나님께 가까이 나아갈 수 있게 하는 것은 하나님의 율법 곧 성경이다(시 19:7-14).

성경 계시가 없이는, 본성의 빛과 창조와 섭리에 나타난 하나님의 사역들만을 통해서는 하나님과 그의 뜻 뿐 아니라 예수 그리스도와 복음을 알 수가 없으며, 따라서 구원에 이르는 지혜와 지식을 얻을 수가 없다(웨스트민스터신앙고백 1장 1항). 그래서 하나님은 성경을 기록해 두시기를 기뻐하셨던 것이다. 이것이 바로 성경의 절대적 필요성이다. 일반계시로는 구원을 얻는데 필요한 지혜와 지식을 얻는 것이 불충분하기 때문에 특별계시인 성경을 하나님께서 주실 필요가 절대적으로 있게 된 것이다.

2) 성경의 영감성과 무오성

현재 우리가 사용하고 있는 바 하나님의 기록된 말씀인 성경 신구약 66권의 책들은 하나님의 영감으로 말미암아 주어진 것으로 신앙과 생활의 법칙이다(웨스트민스터신앙고백 1장 2항). 로마가톨릭 교회가 주장하는바 교황의 절대권과 무오성을 반대한 종교개혁 운동의 신학 사상을 반영하고 있는 웨스트민스터신앙고백은 성경에 근거하여 성경의 절대 권위와 함께 무오성을 강조한다.

여호와의 책(사 34:16)인 성경은 하나님의 계시가 기록될 때 성령의 감동으로 되어졌다. 베드로가 말한 바, 성경의 "예언은 언제나 사람의 뜻을 따라 나온 것이 아니라 오직 성령의 감동하심을 받은 사람들이 하나님께 받아 말한 것"(벧후 1:21)이라 한 데서 알 수 있듯이, 성령께서는 계시를 받아 기록한 사람들 곧 선지자들과 사도들을 감동하셨다. 뿐만 아니라 바울이 말한 바, "모든 성경은 하나님의 영감으로 된 것"(딤후 3:16)이라고 한 대로, 기록된 책들의 문법과 글자들과 내용들까지도 친히 감동하셨다. 그래서 이 성경이 기록될 때 성령의 감동이 기록하던 사람들과 책의 내용과 사상에 미친 것과 관련해서는 거짓이 없으며(무위성), 문법과 문자와 관련해서는 오류가 없는 것이다(무오성). 이렇듯 성경이 성령으로 감동되어 기록된 까닭에 내용상 거짓이 없을 뿐 아니라, 즉 무위할 뿐 아니라, 문자상으로도 오류가 없는 것이다. 성경의 이같은 무위성과 무오성을 인하여 성경에는 절대적 권위가 있다.

성령의 감동(영감)의 방식과 관련하여, 성령께서 기록자들의 영적 배경과 지성적 통찰력을 활용하시는 가운데 주권적으로 감독하여 기록케 하신 것을 두고 유기적 영감(organic inspiration)이라고 한다. 그리고 성령의 감동(영감)의 범위와 관련하여, 성경의 모든 부분 뿐 아니라 문법과 단어 사용에 있어서도 성령께서 주관하셨다는 것을 두고서는 완전축자영감(plenary verbal inspiration)이라고 한다. 그래서 성경의 기록과 관련된 영감론에 대하여 유기적 완전축자 영감론이라고 하는 것이다.

3) 성경의 신적 권위

성경은 성령의 감동으로 기록되어 무위하고 무오하기 때문에 "성경에는 권위가 있다. 그 권위 때문에 우리는 성경을 믿고 순종해야 하는 것이다. 성경의 권위는 어떤 사람이나 교회의 증거에 의해 좌우되는 것이 아니다. 그것의 저자이시요 진리 자체이신 하나님께 전적으로 달려 있다. 그러므로 우리가 성경을 받아들여야 하는 것은 그것이 하나님의 말씀이기 때문이다."(웨스트민스터신앙고백 1장 4항). 칼빈의 성경관을 철저하게 따르고 있는 웨스트민스터신앙고백이 밝히 말한 대로, 성경의 신적 권위는 오직 진리 자체이신 저자 하나님 자신으로 말미암을 뿐, 교황이나 교회나 사람들의 증거에 의존하지 않는다(참고, 칼빈 「기독교강요」 I.vii. 2, 4). 이렇듯 성경은 그 자체가 진리이기 때문에 본래 하나님의 말씀으로서 "객관적 권위"가 있는 것이다. 아무도 성경의 계시가 하나님의 말씀인 것을 부인할 수가 없다(시

119:138, 142).

그리고 하나님의 말씀인 성경은 살아있고 활동력이 있어서 사람을 거듭나게 하고 변화시킬 뿐 아니라(히 4:12; 벧전 1:23), 말씀이 선포될 때 많은 표적들과 기적들이 일어나고 병든 자들과 더러운 영들에게 괴로움을 당하는 많은 사람들이 고침을 받을 만큼 성경에는 "사역적 권위"가 있다. 예컨대, 사도들이 성령으로 충만하여 하나님의 말씀을 담대하게 전하였을 때(행 4:31) 사도들의 손을 통하여 많은 표적들과 기적들이 백성들 가운데 일어났으며(행 5:12), 이에 사람들은 심지어 병든자들을 메고나와 베드로가 지나갈 때 그의 그림자라도 덮이기를 바랐고, 예루살렘 주변 마을 사람들도 자기네들의 병든 자들과 악령들린 자들을 데리고 와서 고침 받았다(행 5:15-16). 또한 성경은 우리의 신앙과 생활을 위한 절대 규칙인 까닭에 "규범적 권위"도 있다. 우리는 성경에서 하나님을 알고 믿는 지혜를 얻으며, 믿음으로 순종하여 사는 길도 알게 된다. 우리는 인생의 모든 것을 성경에서 배울 수가 있다. 성경은 우리에게 바르게 함과 의로 교육하기에 유익하고, 하나님의 사람으로 온전하게 하며 모든 선한 일을 위하여 준비되게 하는 것이다(딤후 3:16-17).

4) 성경의 독자적 신임성(self-authenticity)

웨스트민스터신앙고백에 진술된 바에 의하면, 성경에는 독자적 신임성이 있다. "성경 자체가 가지고 있는 내용의 신령함, 교훈의 효험, 문체의 웅장함, 모든 부분의 내용상의 일치성, 내용 전체의 목표, 인간의 구원을 위한 유일한 길을 밝혀 주는 충분한 내용 전개, 이 외에도 비교할 수 없이 좋은 많은 점들, 그리고 성경 전체의 완전성 등은 성경이 하나님의 말씀이라는 것을 충분하게 입증해 주는 논증들이다.'(웨스트민스터신앙고백 1장 5항).

성경은 성령의 감동으로 기록된 까닭에 본래 무오성과 무위성을 가지고 있고 또 진리이신 하나님이 성경의 저자이시기 때문에 절대적 권위가 있으며, 항상 살아 있고 활동력이 있어서 죄인을 변화시키고 거듭나게 하며 질병과 악령에서 치유하고 큰 기적과 표적도 행하는 사역적 권위가 있다. 이러한 권위와 함께 성경은 내용의 신령함이나 문체의 웅장함, 그리고 성경 전체의 완전성으로 인하여 스스로 하나님의 말씀인 것이 입증되어 있다. 성경의 저자이신 성령님의 내적 증거에 의하여 성경은 독자적 신임성을 본래 가지고 있는 것이다(칼빈,「기독교강요」I. vii. 5). 따라서 사실상 교회와 사도들과 목사와 교사의 증거는 부차적인 것에 지나지 않으며, 사도들이나 교회가 행하는 표적들과 기사들도 하나님의 선포된 복음의 말씀의 권능으로 말미암아 나타나는 것들이지, 그 표적과 기사들로 말미암아 성경 계시가 하나님의 진리의 말씀으로 확증되는 것이 아니다. 사실상, 성경 계시가 하나님의 말씀인 것을 확증해주시는 분은 하나님 자신이요(칼빈,「기독교강요」I. viii. 8), 표적과 기적은 하나님이 그 말씀을 통해서 행하심으로써 결과적으로 성경 계시를 확증하는데 도움이 되는 것이다.

거듭 말하는 것이지만, 성경은 본래 하나님의 말씀이요, 항상 있고 살아 있으며 활동력이 있어 일을 이루어내는 권세가 있을 뿐 아니라, 자체적으로 하나님의 말씀인 것이 입증되어 있기 때문에, 성경 말씀이 선포되는 곳에서 표적과 기적이 그것의 권세 때문에 일어나고 병 고침과 악령의 내쫓김이 있게 되는 것이다. 따라서 성경 계시의 복음이 선포될 때 일어나는 표적이나 기적 또는 병 고침이나 축사(악령을 내쫓는 것)에 의하여 성경이 하나님의 말씀으로 결과적으로 입증되는 것에 지나지 않는다(참고, 신 18:21-22). 이러한 표적과 기적들은 복음 선포자의 신적 권위를 세워 주는데 크게 유익할 수 있다(칼빈,「기독교강요」 I.viii.5).

예수님의 경우를 보면, 회당에서 성경을 가르치시고 하나님 나라의 복음을 선포하시는 가운데 모든 병든 자들과 악령 들린 자들을 치유하셨고(마 4:23-24), 산상설교(마 5-7장)를 권세 있게 선포하신 후에 나병환자, 백부장의 종, 베드로의 장모 등을 비롯하여 악령 들린 자들과 병자들을 고치셨다(마 8:1-17). 마가복음에도(막 1:14-15, 21-34), 누가복음에도(눅 4:16-41) 마찬가지이다. 예수님은 성경 말씀을 가르치시고 그 말씀의 권세와 능력으로 치료하는 일을 하셨던 것이다.

사도들의 경우도 보면, 베드로는 오순절에 설교(행 2:14-41)를 한 후 앉은뱅이를 치료했고(행 3:1-10), 성령으로 충만하여 하나님의 말씀을 담대하게 전한 후(행 4:31) 그의 손을 통하여 많은 표적들과 기사들이 일어났다(행 5:12-16). 빌립 집사의 경우도 그리스도의 복음을 선포하는 가운데 표적들이 행해지고 더러운 영이 나갔으며 중풍병자와 앉은뱅이가 고침을 받았다(행 8:5-7, 12-13). 바울의 경우도 마찬가지였다. 바울이 이고니온에 오랫동안 머물면서 주님에 관해서 담대하게 말하자 주님께서 은혜의 도리를 확증하시고 바울의 손을 통하여 여러 가지 표적과 기사들이 나타나게 해주셨다(행 14:3; 참고, 박

창환 「신약성경」, ESV). 그리고 바울이 에베소에서 사역하던 때도 하나님의 말씀 곧 은혜의 복음을 가르치며 증거하자 하나님께서 그의 손을 통하여 희한한 기적들을 행하시고 병들이 떠나가고 악한 영들도 나갔다(행 19:8-12).

한국 교회의 역사를 보아도, 예컨대, 1907년 말씀 사경회를 통하여 대부흥 운동이 일어나는 가운데 많은 표적과 기사들이 일어났고, 악령들이 나가고 질병들이 치료되었던 것이다. 지금도 치유 집회의 경우를 보면, 먼저 강력한 권세로 복음을 선포하면 그 선포된 복음으로 말미암아 표적과 기적이 일어나고 병든 자들이 치료되며 악령들이 나간다.

그럼에도 불구하고, 어떤 신학자들(워필드와 박형룡)에 의하면, 하나님께서 표적들과 이적들을 행하시고 질병들을 치료하시며 악령들을 쫓아내시는 목적은 그리스도의 구속 사역과 복음의 계시가 하나님께로부터 온 것을 확증하기 위함인 바, 그리스도의 구원 사역의 경우는 그가 십자가에서 죽으시고 죽은 자들 가운데서 부활하심으로 이미 종결되었고, 복음의 계시도 정경으로 완결되었으며, 예수님과 사도들을 통하여 하나님께서 이미 충분하게 표적과 이적들을 행하시어 복음의 계시를 확증하셨으므로 정경의 완성과 함께 하나님의 계시가 종결되고 이적도 중지되었다(참고, 박형룡「교의신학 신론」 pp. 488-492). 그러나 이같은 계시 종결론과 이적적 은사 중지론은 성경 계시의 항상성이나 활동성뿐만 아니라 성경의 독자적 신임성에도 배치된다. 또한 복음서와 사도행전에 나타나 있는 대로, 예수님과 사도들이 성경과 은혜의 복음을 선포함으로 표적과 기적들이 일어났을 뿐, 그들이 행한 표적과 기적들에 의해 성경이 하나님의 말씀으로 확증된 것이 아니었다. 박형룡의 이같은 이론은 성경적으로 옳지 않기 때문에 특히 목회 현장에서는 전혀 용납되지 않고 있다.

물론, 성경은 독자적 신임성이 있지만 그것이 무오하고 무위한 진리요 신적 권위를 가지고 있다는 것을 우리가 충분히 납득하고 확신하게 되는 것은 우리의 심령 속에서 말씀에 의하여 말씀을 가지고 증거하시는 성령의 내적 계시 사역(즉, 조명)에 의해서이다(웨스트민스터 신앙고백 1장 5항 하단). 그래서 성령의 내적 계시 사역으로 인하여 하나님의 복음의 말씀이 지금도 항상 있고 또 힘 있게 활동하는 까닭에 교회에는 표적과 기적들이 계속되고, 질병의 치유와 악령의 내쫓김이 하나님의 말씀 사역자들의 손을 통해 있는 것이다. 바나바의 사촌으로서 선교사역에 참여하되(골 4:10) 베드로의 믿음의 아들 노릇을 하였고(벧전 5:13) 바울의 유익한 동역자로 크게 활동한(몬 1:24; 딤후 4:11) 마가에 의하면, 복음의 일꾼들 곧 복음의 선포자들이 모든 피조물에게 복음을 선포할 때(막 16:15) 믿는 자들에게 표적과 기적들이 일어나며(막 16:17-18), 주님께서 주님의 일꾼들의 손을 통해서 행하시는 그 표적과 기적들이 결과적으로 복음의 말씀을 확증해 준다(막 16:20).

5) 성경의 충분성

성경은 우리의 신앙과 생활을 위한 절대적 규칙으로서 충분하다. "하나님 자신의 영광과 인간의 구원, 신앙과 생활에 필요한 모든 것에 관하여 하나님이 가지고 계시는 모든 계획은 성경에 분명하게 기록되어 있다. 그렇지 않으면, 선하고 적절한 논리에 의하여 성경에서 연역될 수가 있다. 그러므로 이 성경에다 성령의 새로운 계시들에 의해서든지 혹은 인간들의 전통에 의해서든지 아무 것도 어느 때를 막론하고 더 첨가할 수가 없다"(웨스트민스터신앙고백 1장 6항). 웨스트민스터신앙고백이 진술한 대로, 성경은 우리의 구원을 위해서 뿐만 아니라, 하나님을 온전히 믿고 그에게 순종하는데 필요한 모든 가르침을 충분하게 계시해 놓으셨다. 즉 우리의 신앙과 생활의 규칙으로서 그리고 구원에 이르는 지혜를 얻는데 있어서 충분하다. 따라서 성경 말씀대로 믿고 순종하면 구원과 영생을 넉넉히 얻으며, 성도로서 성결케 되고 영적으로 온전하게 성숙하여 하나님의 뜻에 순응할 수 있게 되는 것이다.

그러므로 구원과 신앙생활을 위하여 성경 외에 다른 새로운 계시를 얻으려 하거나, 색다른 이단적 교훈을 추구할 이유가 전혀 없다. 성경만으로 충분한 것이다. 그러나 성경을 구원론적으로 깊이 이해하는 데는 성령의 내적 계시 곧 조명(illumination)이 필요하고, 예배의 형식과 순서 및 교회 정치 등과 관련해서는 통상적인 관례나 자연법을 따라야 할 경우가 있을 수 있다(웨스트민스터신앙고백 1장 6항 하단). 성령님께서는 성경 외에 새로운 계시를 더하여 주지 않고, 이미 주어진 성경을 통해서 성경을 가지고 지혜와 계시의 영으로서 우리의 마음의 눈을 밝게 하셔서, 즉 조명하셔서 하나님, 예수님의 그리스도이심, 및 구원의 비밀을 알게 하시어(엡 1:17-18), 즉 계시하시어 믿고 순종하게 하시는 것이다. 우리는 성경에 무엇을 더하거나 빼서는 안된다(신 12:32; 계 22:18-19).

또한 예배와 교회 정치에 대해서도 하나님은 때를 따라 새로운 방식이나 제도 등을 특별히 계시하시지 않고 이미 주어진 통상적 관례나 자연법을 적절하게 따르게 하신다.

성경 계시의 충분성과 관련하여 우리가 유의할 점은 성경 외에는 새로운 다른 계시가 없다는 사실을 오해하여, 성령께서 지혜와 계시의 영으로서 지금도 성경을 통해서 성경을 가지고 우리의 마음속에서 내적으로 계시 행위, 또는 조명을 지속적으로 하고 계시다는 사실을 잊어서는 안된다. 성령의 이같은 조명 사역은 신약 시대와 정경 완성 이후에만 있는 것이 아니고, 구약에서도 이미 있었다. 그래서 칼빈은 아담 때부터 하나님께서 성경을 가지고 계시하셨다고 했던 것이다(「기독교강요」 I. vi. 1). 구약의 성도들은 창세기 1, 2장을 묵상하는 가운데 창조주 하나님을 찬송하였고(시 104편; 136:4-9), 창세기 12장 이하 출애굽기를 묵상하는 가운데 구속주 하나님께 감사했다(시 105편; 136:10-22). 다니엘은 예레미야가 쓴 성경을 읽고 묵상하던 중에 성령의 조명으로 바벨론 포로 생활에서 해방되는 날에 대해 계시를 받았다(단 9:2; 참고, 렘 25:12).

새로운 계시는 없지만, 선지자이신 예수 그리스도의 성령을 통한 계시 행위는 항상 영원토록 있는 것이다. 성경 계시의 충분성 때문에 오히려 성령께서는 이미 주어진 계시인 성경을 가지고 성경을 통해서 지속적으로 우리의 마음속에서 더욱 강력하게 계시하셔야 하는 것이다(참고, 고전 2:10, 13). 그래서 칼빈은 성령의 조명을 내적 계시 행위라 하였고(「기독교강요」 I.v. 14, illumined by the inner revelation of God through faith"; 칼빈의 「신약주해」고전 2:10, 엡 1:17, 18, 벧전 1:25에 관한 주해; Berkhof, 「Introduction to Systematic Thelogy」138, 142), 웨스트민스터신앙고백은 영원한 선지자이신 예수 그리스도의 선지자 직분을 영구적인 계시 행위와 관련지어 진술하였다(8장 8항).

6) 성경의 자명성

성경의 자명성에 대하여 웨스트민스터신앙백은 이렇게 진술하였다. "성경에 있는 모든 것들은 그 자체가 한결같이 명백하거나 모든 사람에게 한결같이 분명하게 받아들여지는 것은 아니다. 그렇지만 구원을 얻기 위해서 알아야 하고 믿고 지켜야 할 필요가 있는 것들은 성경 안의 여러 곳에 아주 분명하게 제시되어 있고 밝혀져 있다. 그래서 유식한 사람뿐만 아니라 무식한 사람일지라도 통상적인 방법을 적당하게 사용하기만 하면 그것들을 충분하게 이해할 수 있다"(1장 7항).

성경에는 베드로가 지적한 대로 바울 서신의 경우처럼 해석하기 어려운 부분도 있으나(벧후 3:15-16), 구원에 이르는 지식이 요한복음 3장 16절 "하나님께서 세상을 이처럼 사랑하셔서 유일하신 아들을 주셨으니, 이는 그분을 믿는 자마다 멸망하지 않고 영생을 얻게 하려는 것이다"고 한 말씀에서처럼 아주 명료하게 제시되어 있기 때문에, 보통의 성도라도 그 지식을 쉽게 그리고 충분하게 얻을 수 있으며, 지혜롭게 여호와를 경외할 수 있도록 한다(시 19:7-8). 성경을 읽고 깨달음을 얻는데 있어서는 학력이나 연령에 관계가 없기 때문에, 무학의 나이 드신 할머니나 할아버지가 대학교 다니는 청년보다 성경을 읽고 깨달음에 있어서 훨씬 뛰어나기도 하는 것이다. 성경의 자명성 때문에, 종교개혁자들은 주장하기를, 성경이 자국어로 번역되어 성도마다 성경을 읽고 연구해야 하고, 부모된 자들이 자녀들에게 읽어주고 가르쳐야 할 의무가 있다고 한 것이다(참고, 신 6:6-7 "내가 오늘 네게 명령하는 이 말씀을 네 마음에 있게 하고, 네 자녀에게 부지런히 가르치며… 언제든지 이것들을 말하여라.").

7) 성경의 최종성

종교적 또는 신학적 논쟁이나 교리를 확정하는데 있어서 최종적 권위는 성경을 통해서 성경을 가지고 말씀하시는 성령님이시다. 우리는 성경을 가지고 모든 헛된 사상과 이론을 파괴하고, 하나님을 아는 지식을 대적하여 높아진 것을 모두 파괴하고, 모든 생각을 사로잡아 그리스도께 순종하게 해야 한다(고후 10:4-5). 이 성령님에 의하여 모든 신학적 논쟁들이 결정되어야 하고, 교회의 신조들이나 교훈들이 살펴져야 하며, 특별히 사이비 이단 사상들이 검증되어야 하며, 교회는 재판관이신 성령님의 판결에 순복해야 하는 것이다(웨스트민스터신앙고백 1장 10항). 성령님께서 사용하는 규범이 바로 성경이기 때문에, 교회는 사실상 최종적으로 성경에 의존하고, 성령님의 지도를 기도로 구하여야 한다. 그런 까닭에 로마가톨릭교회의 주교 회의나 교황 또는 여타의 교회 회의뿐만 아니라 어떤 유명하다는 신학자나 목사나 교회도 결코 최고의 재판관일 수가 없고, 최고의 절대 권위를 행사할 수가 없다. 모든 교회와 신학자나 목회자는 성경과 성령님 앞에서 겸손해야 한다.

이 점에서 로마가톨릭교회의 교황무오설, 사제 독신주의, 마리아무염수태설이나, 개신교의 자유주의 신학의 인본주의적 기독론과 구원론, 신천지 교회나 하나님의 교회와 통일교 등 이단들의 주장은 성경의 판단을 받아야 하고, 보수적 신학자들의 계시 종결론과 은사 중지론도 성경으로 재검토될 필요가 있다.

이상에서 살핀 대로, 성경 계시의 성질과 특성들을 잘 알고 이해할 때 신앙과 신학이 성경적으로 건실해질 수 있다. 성경 계시의 동질성과 통일성을 알면 계시의 내용과 목적인 복음 곧 예수가 그리스도 되심을 확실하게 알게 되고, 계시의 역사적 점진성을 알면 직통 계시의 위험성을 경계하게 되며, 계시의 경제성을 알면 불교의 팔만대장경과 많은 경전들의 비효율성을 알 뿐 아니라 성경으로 만족할 수 있게 되고, 계시의 항상성과 활동성을 알면 계시 종결론이나 은사 중지론의 문제점을 파악할 수 있게 된다. 그리고 성경의 절대 필요성을 알면 성경 없이는 하나님을 아는 지식이나 구원의 복음을 제대로 알 수 없다는 것을 깨닫게 되고, 성경의 영감성과 무오성을 알면 성경의 절대 권위 앞에 순복하게 되고, 성경의 신적 권위와 최종성을 알면 성경을 신앙과 생활 뿐 아니라 모든 사상의 절대 규칙으로 삼아 순종하게 되며, 성경의 독자적 신임성을 알면 성경을 하나님의 말씀으로 받게 되고, 성경의 충분성을 알면 계시의 경제성의 경우처럼 성경 이외의 다른 계시나 교훈을 추구하지 않게 되며, 그리고 성경의 자명성을 알면 성경을 성도이면 누구나 읽고 연구해야 할 권리와 책임을 통감하게 되는 것이다.

8장

계시의 방식

옛적에 선지자들을 통하여 여러 번 여러 모양
(방식)으로 조상들에게 말씀하신 하나님께서,
이 마지막 날들에 아들을 통하여 우리에게 말
씀하셨으니, (히브리서 1:1-2 상)

하나님께서 자신과 자신의 하시는 일들을 계시하심에 있어서 구약 시대에는 선지자들을 통하여 여러 방식 곧 약속과 예표와 희생 제사 등으로 하셨으나, 신약 시대에는 하나님의 아들이신 예수 그리스도를 통하여 직접 말씀하셨다. 이와 관련하여 웨스트민스터신앙고백에는 진술되기를, "(구속) 사역의 공덕과 효능과 유익은 창세로부터 모든 세대에 택함 받은 백성들에게 계속적으로 전달되었던 바, 약속들과 모형(예표)들과 희생 제사들을 통해서 되어졌다. 이 방식들을 통해서 그리스도가 곧 뱀의 머리를 상하게 할 여자의 후손이요, 창세로부터 죽임을 당한 어린 양으로 계시되고 상징되었다. 그는 어제나 오늘이나 영원토록 동일하신 분이다"(8장 6항)라고 하였다.

1. 구약 시대의 방식

> 그들은 하늘에 있는 것들의 모형과 그림자를 섬기는데, 이것은 모세가 장막을 세우려고 할 때에 지시받은 것과 같다. (히브리서 8 : 5)

하나님의 언약과 구속 사역이 구약 시대에는 약속들과 예표 또는 모형들과 희생 제사 의식들에 의하여 계시되었다. 하나님은 첫째로, 메시아를 계시함에 있어서 아담에게는 여자의 씨(창 3:15), 아브라함에게는 '한 후손'(창 12:7: 17:7), 다윗에게는 그의 왕권을 이을 후손(삼하 7:12-13), 이사야에게는 동정녀에게 태어날 아기 임마누엘(사 7:14)을 각각 약속하심으로 하셨다.

둘째로, 예표 또는 모형을 통해서 메시아를 계시하셨다. 출애굽 사건을 결정적으로 가능케 한 유월절 어린양(출 12:3)은 세상 죄를 지고 가신 어린양 예수님(요 1:29; 고전 5:7), 생수를 솟아나게 한 호렙산의 반석(출 17:6)은 영적인 음료를 제공하는 반석되신 그리스도(고전 10:4), 광야에 내린 만나(민 11:9)는 생명의 빵이신 예수님(요 6:35), 장대 위에 달린 놋 뱀(민 21:9)은 십자가에서 저주 받아 달린 예수님(요 3:14)을 각각 예표하였다. 그리고 아브라함을 축복하고 그에게서 십일조를 받은 살렘왕 멜기세덱(창 14:17-20)은 영원한 대제사장 예수 그리스도(히 5:10), 말과 행동이 능한 선지자 모세(신 18:18; 참고, 행 7:22, 37)는 하나님과 모든 백성 앞에서 행위와 말씀에 권능이 있는 선지자 예수님(눅 24:19), 이스라엘의 왕 다윗(삼하 7:8)은 영원한 만왕의 왕 예수님(슥 9:9; 마 21:5-9)을 각각 예표하였다.

셋째로, 희생 제사를 통하여 메시아가 계시되었다. 희생 제사가 드려지는 성소 또는 성전은 성전되신 예수님(요 1:14; 2:21), 번제와 속죄제물(레 9:1)은 십자가에서 자기 몸을 속죄 제물로 드린 예수님(막 10:45; 롬 3:25; 히 9:26)을 각각 예표했다.

2. 신약 시대의 방식

이 장막은 현재까지의 비유이다. 이것에 따라 드려진 헌물과 희생 제물은, 그 섬기는 자의 양심을 온전하게 할 수 없다. 그것들은… 단지 개혁의 때까지만 부과된 것이다. (히브리서 9 : 9-10)

구약 시대에는 하나님께서 사탄 마귀를 이기게 하고 죄를 해결할 메시아를 계시하심에 있어서 약속들과 모형 또는 예표들과 희생 제사 등을 통해 하였으나, 그것들은 실체이신 메시아 곧 그리스도 예수님에 대한 비유요 그림자(히 10:1)였기 때문에, 실체이신 그리스도 예수님께서 때가 되어 육신을 입고 오심으로 말미암아 구약 시대의 계시의 방식은 종결되었다. 웨스트민스터신앙고백 1장 1항의 마지막 줄, "그리하여 하나님께서 자기 백성에게 자신의 뜻을 직접 계시해 주시던 과거의 방식들은 이제 중단되었다."고 한 진술과, 8장 6항에 언급된 방식들(약속들과 모형들과 희생 제물들)에 관한 진술을 히브리서 9:9-10의 말씀에 비추어 보면, 구약 시대의 계시의 방식이 종결된 것일 뿐, 박형룡 등이 주장한 바 하나님의 계시 행위 자체가 중단되거나 종결된 것이 결코 아니다.

앞서 구약 시대의 계시의 방식을 다루면서 밝힌 대로, 신약시대에는 구약의 계시의 방식들을 통해서 계시되었던 메시아 그리스도 예수님이 실제로 이 땅에 사람으로 오셔서 하나님을 친히 계시하실 뿐 아니라(요 1:18), 왕, 선지자, 대제사장의 삼중직을 행하시어 그리스도로서 구원을 성취하시어 하나님의 구원의 비밀을 온전히 계시하셨다. 이로써 구약 시대의 계시의 방식은 마침내 개혁되고 종결되었던 것이다(히 9:10). 계시의 실체이신 예수 그리스도는 항상 살아계시고 어제나 오늘이나 영원토록 동일하시기 때문에(히 13:8) 신구약 시대 뿐 아니라 오늘도 여전히 구원의 비밀을 우리에게 계시하시는 것이다(웨스트민스터신앙고백 8장 8항). 그러기에, 바울은 오직 예수 그리스도의 계시를 통하여 복음을 받았고(갈 1:12), 하나님의 말씀과 예수님에 대한 증언 때문에 밧모섬에 유배된 요한은 주님의 날에 성령의 감동 가운데 예수 그리스도에게서 계시를 받았던 것이다(계 1:1, 9-10).

9장

계시의 수단

이는 하나님을 알 만한 것이 그들 안에 밝히
드러나 있기 때문이다. 하나님께서 그것을 그
들에게 밝히 보여 주셨다. (로마서 1 : 19)

하나님께서 자신과 자신의 하시는 일들을 계시하심에 있어서 수단들을 사용하신다. 일반계시의 경우는 자연계의 현상들과 인간의 본성과 양심 및 경험 그리고 인간의 역사 등을 수단으로 사용하시고(벌코프, 「조직신학」상권, 권수경 이상원 역, p. 139), 특별계시의 경우는 신현(theophanies), 예언과 환상을 통한 의사소통(communications), 그리고 표적과 기적(miracles)등을 사용하신다(벌코프, 상게서, pp. 145-147).

1. 일반계시의 수단

> 그분께서 인류의 모든 민족을 하나로부터 만드시고 그들을 온 땅 위에 살게 하셨으며, 그들이 사는 때와 거주지의 경계를 정하셨는데, 이는 혹시 그들이 하나님을 더듬어 찾고자 하면 그분을 찾게 하시려는 것이니, 그분께서는 과연 우리 각자에게서 멀리 떨어져 계시지 아니하신다. (사도행전 17 : 26-27)

하나님께서 일반적으로 자신을 계시하시는 때에 사용하는 수단은 첫째로, 자연계와 자연의 현상들이다. 하나님께서 만드신 하늘이 하나님의 영광을 선포하고(시 19:1) 인애와 지혜 뿐 아니라(시 136:5) 능력과 신성을 나타낸다(롬 1:20). 하나님께서는 천둥과 번개, 폭풍과 추위, 얼음과 먹구름을 통해서 진노와 위엄과 권능과 공의를 나타내시고(욥 37:1-24), 사자, 까마귀, 사슴, 들나귀, 들소, 타조, 말, 매, 독수리 등에게 거처와 먹이를 마련해 주심으로 인애하심을 나타내시며(욥 38:39-39:30), 악한 자와 선한 자에게 동일하게 해를 떠오르게 하시고 비를 내려 주심으로 자비를 보이시고(마 5:45), 공중의 새들을 먹이시고 들판의 들풀도 영광으로 옷 입히심으로 사랑이 많으심을 나타내 보이시는 것이다(마 6:26-30).

둘째로, 인간의 본성과 양심과 경험이다. 하나님께서는 사람들 안에 태어나면서부터 본성적으로 하나님을 아는 감각(sense)을 주셨다(롬 1:19, 21). 그래서 아무도 문명의 혜택을 전혀 받지 못한 미개인이나 하나님의 복음을 전혀 듣지 못한 자일지라도 하나님을 모른다고 변명할 수가 없다. 또 하나님은 사람에게 본성적으로 선악을 구별할 줄 아는 양심을 주셨다(롬 2:14-15). 이 양심은 믿음을 담는 그릇이기에(참고, 딤전 1:19; 딤후 1:3, 5) 선한 양심을 버리는 자는 믿음을 잃기 쉽다. 뿐만 아니라, 인생의 경험, 즉 출생과 결혼과 취업, 사업, 거주와 이사, 여행, 죽음 등 많은 일들에서 하나님이 살아서 함께 하시고 도우시며 인도하신 것을 깨닫는다. 그래서 찬송 작사자는 노래하기를, "지금까지 지내 온 것 주의 크신 은혜라…자나 깨나 주의 손이 항상 살펴 주시고 모든 일을 주 안에서 형통하게 하시네"라고 하였다.

셋째로, 일반계시에서 하나님이 사용하시는 중요한 수단으로 인간의 역사가 있다. 요셉이 이집트로 팔려가 바로의 경호대장 보디발의 집에서 충실한 종으로 인정을 받던 때 그 집 여주인의 투기로 인하여 감옥에 갇혔었다. 그때 함께 투옥되어 있던 장관들의 꿈을 해석해 준 것이 계기가 되어 한 장관의 소개로 바로의 꿈을 해석해 주게 되었다. 바로가 꾼 꿈에 의하면 칠 년의 풍년과 칠 년의 흉년이 있게 될 것이었으므로 이에 잘 대비해야 했다. 요셉은 꿈을 해석하면서, "하나님께서 그 하고자 하시는 일을 바로에게 알리신 것입니다"(창 41:25, 28)라고 강조하였다. 이에 바로도 대답하기를, "하나님께서 이 모든 것을 너에게 알게 하셨으니, 너처럼 명철하고 지혜로운 사람은 없다"(창 41:39)고 하고서 요셉을 이집트의 총리로 세웠다. 요셉과 바로는 다같이 하나님께서 인간의 역사를 주관하심을 알고 고백한 것이다. 다니엘도 느부갓네살의 두 번의 꿈을 해석해 주면서 하나님이 세상 나라를 통치하시며(단 2:37-38) 왕들을 세우기도 하시고 폐하기도 하신다고 하였다(단 4:17). 하나님은 이처럼 인간의 역사 속에서 통치권을 행사하시는 가운데 자신을 계시하신다.

하나님이 일반 계시의 수단들로 사용하시는 자연계와 자연의 현상들, 인간의 본성과 경험 그리고 인간의 역사들은 주님께서 다시 오실 때가지 중단되거나 종결되지 않고 지속된다. 하나님은 이같은 수단들을 통하여 날마다 항상 마지막 날까지 자신의 영광과 위엄과 지혜와 권능과 인애를 계시하신다. 하나님께서는 살아 계시고 또 창조하시며 섭리하시는 일들을 항상 하고 계시기 때문에, 하나님의 계시가 중단되거나 종결되는 일은 있을 수가 없는 것이다.

2. 특별계시의 수단

> 그런데 주님의 천사가 밤중에 감옥 문을 열고 그들을 이끌어 낸 후에 말하기를 "가서 성전에 서서 백성에게 이 생명의 말씀을 다 말하여라." 하니(사도행전 5: : 19-20)

일반계시가 구원에 이르는 지식을 주기에 불충분하기 때문에, 하나님께서는 구원의 비밀을 알리는 특별계시를 주심에 있어서 신현(하나님의 천사의 나타남)과 예언(꿈과 환상 또는 음성으로 말씀을 주심)과 기적(초자연적인 놀라운 일)을 수단으로 삼으신다.

첫째로, 하나님께서는 우리와 멀리 떨어져 계시는 분이 아니요, 횃불과 연기와 구름 속에서(창 15:17; 출 19:9, 16), 폭풍우 속에서(욥 38:1; 40:6), 그리고 때로는 미풍 속에서(왕상 19:12) 임재하심을 나타내 보이시지만, 주님의 천사로 나타나신다(창 16:11; 19:1). 이 주님의 천사는 야곱의 경우 꿈속에서 나타나시기도 하셨다(창 31:11). 베드로의 경우는 감옥에 갇혀 있던 때 밤중에 나타나셨다(행 5:19). 그러나 하나님의 나타나심의 최절정은 예수 그리스도의 성육신이다. 하나님의 모든 신성의 충만함이 그의 육체에 임하여 있었다(골 1:19; 2:9)

주님의 천사들은 성도들을 섬기는 영물이기 때문에(히 1:14), 예수님께서 유대 광야에서 40일간 사탄 마귀에게 시험받으시던 때뿐만 아니라(마 4:11), 십자가의 죽음을 앞두고 올리브산 겟세마네 동산에서 피땀 흘려 기도하시던 때에도 그에게 나타나서 도왔다(눅 22:43). 이처럼, 하나님은 주님의 사자 또는 천사들을 통하여 우리 가운데 임재하심으로 자신을 계시하신다(참고, 행 5:19; 8:26).

둘째로, 하나님께서는 음성이나 꿈과 환상을 통해서 계시하신다. 하나님께서는 사람이 깨어 있는 상태에서도 귀로 들을 수 있는 음성으로 말씀하시는 가운데 자신을 계시하신다. 인류의 최초의 조상인 아담에게 뿐 아니라(창 2:16; 3:8-19), 아브라함(창 12:1-3), 이삭(창 26:2-5), 야곱(창 35:1, 9-15), 그리고 모세(출 3:4-15) 등에게 직접 음성으로 말씀하셨다. 그러나 하나님은 음성으로 말씀하실 때 꿈이나 환상 중에 하셨는데(창 15:1; 31:11), 특별히 신약시대에는 요엘 선지자의 예언대로(욜 2:28-32; 인용, 행 2:17-18) 환상과 꿈속에서 하나님이 흔히 말씀하셨다(행 9:10; 10:3, 10, 17; 11:5; 16:9-10; 22:17).

바울의 경우는, 너무나 많은 환상들을 통해 여러 가지 엄청난 계시들을 받은 까닭에, 하나님께서 그가 혹시라도 교만해질까 봐 그의 육체에 가시, 곧 사탄의 사자를 주셨다(고후 12:1-10). 하나님께서는 오늘날에도 음성으로, 환상과 꿈 속에서 말씀하시며 자신을 계시하시는 것이다.

셋째로, 하나님은 또한 이적과 표적들을 수단으로 삼아 자신을 계시하신다. 모세를 통해서 하나님께서 행하신 열 가지 기적의 재앙들에서 볼 수 있는 대로, 기적을 행하신 목적은 하나님이 살아 계시고 자기 백성을 위하여 구원 사역을 이루신다는 것(출 7:5)과, 하나님의 종된 모세의 권위를 세워주기 위함이었다. 하나님이 행하시는 기적들은 하나님의 권능을 나타내고 하나님의 임재를 보여 주기도 한다. 그리고 신약 시대에 주 예수님께서 행하신 치유의 기적들은 그의 신성과 신적 권위를 나타내 보여주고(마 8:8, 29; 행 3:16), 또한 결과적으로 그의 말씀을 확증하기도 했다. 그래서 마가는 기록하기를, "주께서 함께 일하시며 따르는 표적들을 통하여 말씀을 확증해 주셨다"(막 16:20)고 했고, 바울과 바나바가 유대인의 회당에서 말씀을 담대히 전하던 때에 "주께서 그들의 손을 통하여 표적과 기적들이 일어나게 해 주시므로 자신의 은혜의 말씀을 확증해 주셨다"(행 14:3).

일반계시의 수단들이 지금도 항상 유효한 것처럼, 특별계시의 수단들도 여전히 유효하여, 하나님께서는 성도들을 섬기는 천사들이 항상 깨어서 하나님을 찬송하게 하시되(계 5:11-12; 7:11-12) 성도들의 기도를 하나님 앞으로 올라가게 하고(계 8:4), 땅과 바다에 하나님의 재앙을 내리는 일(계 7:2; 8:5) 등도 하게 하신다. 그리고 요엘의 예언대로 꿈과 환상을 통해서 또는 음성으로 지금도 말씀하시며, 예수님의 이름으로 기도하면 놀랍고 큰 일들을 행하여 주신다(요 14:12; 약 5:15-16). 특별계시의 수단들이 지금도 유효한 까닭에, 하나님의 특별계시는 오늘날도 말씀의 선포를 통하여 계속되고 있는 것이다(참고, 뻘, 「기독교신학개론」신복윤 역, p. 186).

하나님의 말씀이요 진리의 계시 자체이신 하나님의 아들 예수 그리스도께서 육신을 입고 이 땅에 오심으로 말미암아 구약의 계시의 방식(그리스도에 대한 약속, 예표, 희생제사)이 종결되었다. 영원한 선지자이신 예수 그리스도는 진리와 계시의 영이신 성령을 통하여 계시의 수단들(인간의 본성, 자연현상, 역사 및 신현, 예언, 이적)을 사용하시고 성경 말씀을 가지고 아담 이후로 줄곧 지금도 계시하고 계신다.

그런 까닭에, 하나님의 계시는 종결된 바 없고, 항상있고 능력과 이적을 행하기도 한다.

맺는 말

기독교는 이방 종교와는 대조적으로 하나님께서 역사 속에서 주시는 계시의 종교이다. 기독교는 사색의 종교가 아니다. 기독교는 역사와 함께 하는 계시의 종교이다. 기독교는 역사 속에서 계시가 성취되는 종교이다. 그러기에 기독교의 하나님은 천지의 창조주이시요 모든 만물과 역사를 주관하시는 섭리주이시다. 하나님은 창조와 섭리 사역을 통해서 역사 속에서 자신을 계시하신다. 창조 세계와 역사를 보면 하나님이 살아 계시고 활동하심을 알 수 있는 것이다.

그러나 사탄 마귀와 죄로 인하여 인간의 본성이 부패하여 영적으로 무지하게 되고 창조세계 또한 악화됨으로 말미암아 일반계시를 통해서는 하나님을 아버지로 알 수 없을 뿐 아니라 구원에 이르는 참된 지식과 지혜를 얻을 수 없게 되어 하나님은 선지자들을 통하여 여러 가지 방식으로 계시하셨고 또는 마지막 날들에는 하나님의 유일한 아들 예수 그리스도를 통하여 확실하게 계시하시되, 이 모든 계시를 성경에 기록해 두시기를 기뻐하셨다. 그리고 이 성경을 안경으로 삼아 자연과 역사 속에서 하나님이 주시는 계시들을 읽어낼 수 있게 하셨다. 그래서 하나님은 이제 성경과 자연계를 통해서 계시하고 계시는 것이다.

하나님의 이같은 계시는 창조주요 섭리주요 구속주요 심판주이신 하나님, 곧 성부와 성자와 성령 삼위일체 하나님을 알려 줄 뿐아니라, 구약에서 선지자들을 통하여 약속되고 예언된 그리스도, 곧 메시아가 하나님의 때가 차서 여자에게서 나신 예수님이시라는 것을 알려 준다. 그래서 약속된 그리스도가 마지막 때에 오신 예수님이시라는 것이 성경 66권이 증거하는 바 복음이다.

이 복음인 예수님께서 실제 그리스도로서 왕직을 통해 사탄 마귀를 이기신 승리자요, 대제사장직을 통해 죄 값을 지불하신 바 죄의 해결자요, 사탄의 고소와 정죄를 무력화시킨 중보자이시요, 선지자직을 통해 하나님께 대한 예배를 회복하고 하나님의 뜻을 선포하시는 자가 되셨다. 이 복음을 선포하는 것, 곧 예수님이 그리스도 되심을 선포하는 것이 하나님의 계시의 목적이다.

하나님의 계시가 가지고 있는 여섯 가지의 성질, 곧 동질성, 통일성, 역사적 점진성, 경제성, 항상성과 활동성과 함께, 성경이 가지고 있는 일곱 가지의 특성, 곧 절대적 필요성, 영감성과 무오성, 신적 권위, 독자적 신임성, 충분성, 자명성과 최종성에 비추어 볼 때, 하나님은 지금도 일반계시의 수단인 자연계와 자연 현상 및 역사 속에서 뿐만 아니라, 계시의 영이신 성령을 통해서 성경을 가지고 신구약 시대뿐 아니라 지금의 정경이 완성된 후에도 항상 자신과 자신의 구원의 비밀을 계시하고 계심을 알 수 있다.

구약 시대의 계시의 방식, 곧 약속과 예표와 희생제사 등은 실체이신 그리스도 예수님이 사람으로 이 땅에 오심으로써 중단되고 종결되었으나, 특별계시의 수단, 곧 신현과 예언과 기적 등은 지금도 유효하기 때문에 영원한 선지자이신 예수님은 성령을 통하여 성경을 가지고 여전히 계시하고 계시는 것이다. 따라서, 구약의 계시의 방식의 종결을 계시 자체의 종결로 오해하여 일부 보수적인 신학자들이 주장하는 바 계시 종결론과, 방언의 은사와 기적적인 치유의 은사와 악령을 쫓아내는 사역이 정경 완성 후에는 중단되었다고 하는 은사 중지론은 성경적으로 용납되기 어렵다. 사실상 목회 현장에서는 이같은 주장은 통하지 않고 있다.

21세기에 접어들면서 한국의 보수적인 장로교회들이 성장이 둔화되고 오히려 감소되고 있는 것은 여러 가지 이유들이 있지만, 계시 종결론과 은사 중지론이 그 가운데 하나이다. 신학대학원에서 70년대와 80년대에 이같은 계시 종결론과 은사 중지론을 배운 목회자들이 목회 현장에서 그같은 주장들을 의식하다 보니 목회가 약화된 것이다. 이로써 교회에서 성령의 역사가 감퇴됨으로 인하여 교회 성장도 멈추었다.

신학은 신앙의 종이요 교회를 위한 학문이다. 신학의 교리와 목회의 영적 체험은 성경으로 상호 일치되어야 한다. 이로써 신학은 교회의 신앙을 튼튼하게 만들어 주고 교회를 성장하게 해야 한다 (참고, 골 2:19). 만일 신학이 신앙의 활성화와 교회의 성장을 막는다면, 그 신학은 성경적으로 문제가 있는 것이다. 성경적으로 반드시 제대로 검증될 필요가 있다. 이 점에서 보수적인 신학자들이 주장하는 계시 종결론과 은사 중지론은 한국 교회의 성장을 약화시킨 원인이 된 것으로 많은 목회자들이 여기고 있기 때문에, 성경적으로 검토되어야 마땅한 것이다.

예수 그리스도에 대한 약속과 예표와 희생제사들과 같은 특별계시의 방식은 예수님의 성육신으로 종결되었으나, 계시의 수단들인 신현은 하나님이 살아계시고 하나님의 천사들도 살아서 늘 활동하고 있기 때문에 지금도 여전히 유효하고, 예언의 경우는 사도행전에서 보는 대로 환상과 꿈속에서 또는 음성으로 말씀하시고 성령의 예언의 은사를 통해 나타나기 때문에 지금도 여전히 유효하며, 기적과 표적 또한 하나님이 살아 계시어 활동하시고 하나님의 복음의 말씀도 권세가 있기 때문에 오늘도 여전히 유효한 것이다. 하나님 아버지 뿐 아니라 부활 승천하신 예수 그리스도께서도 성령으로 성경을 가지고 역사 속에서 지금도 여전히 계시하고 계신다.

하나님의 말씀 계시는 베드로와 히브리서 기자가 말한 대로, 지금도 그리고 영원토록 항상 살아 있고 활동력이 있다(벧전 1:23; 히 4:12). 사도 바울이 데살로니가 교회에게 보낸 서신에도 보면, 그가 전한 하나님의 말씀을 그 교회가 받을 때에 사람의 말이 아니라, 마치 하나님께서 하늘로부터 들려주시는 음성을 듣는 것 같이 하나님의 살아있고 활동하는 말씀으로 받았다(살전 2:13; 참고, 칼빈 「기독교강요」 I. vii. 1). 성경은 이처럼 항상 살아 있는 하나님의 말씀이기에 스스로 이미 하나님의 진리의 계시로 확증되어 있는 것이다(칼빈, 「기독교강요」 I. vii. 2). 그래서 아버지 하나님과 예수 그리스도께서는 계시의 영인 성령으로 오직 하나님의 말씀인 성경을 가지고 성경을 통해서 구원의 비밀을 계시하여 하나님의 자녀들이 예수를 그리스도로 믿어 순종케 하는 것이다(엡 1:17, 18; 웨스트민스터신앙고백 8장 8항).

하나님의 말씀 계시인 성경과 그 성경이 증거하는 예수 그리스도 외에는 신구약 시대는 물론이고 지금의 정경이 완성된 후 아무 때에도 다른 새로운 계시가 없다. 그러므로 성경과 예수 그리스도 외에 다른 새로운 계시를 추구하거나 하나님께로부터 환상이나 꿈이나 음성 등 어떤 수단을 통해서든 직접 계시를 받으려 하는 것은 모두 헛될 뿐이다(웨스트민스터신앙고백 1장 6항).

그래서, 하나님은 오직 성경을 통해서 성경을 가지고 하늘에서 직접 음성을 들려 주시듯이 하나님의 말씀을 받게 하심으로 계시하시는 것이다. 예수 그리스도는 영원한 선지자이시다. 영원한 선지자가 하나님의 항상 있는 말씀을 가지고 계시의 영인 성령으로 지금도 여전히 계시하고 있기에(웨스트민스터신앙고백 대요리 43문답), 하나님의 소통 행위(a communicative act)로서 계시는 한 순간도 종결됨이 없이 항상 있는 것이다. 하나님의 계시가 항상 있고 살아있어 활동력이 있기에 성령의 여러 은사들 가운데 방언과 치유와 축사(악령 쫓아내는 능력) 등이 정경 완성 후에도 중지됨이 없이 나타나는 것은 당연하다.

우리는 중생하기 전에는 영적 맹인이었으나 지금은 하나님의 은혜로 성경에서 성령님으로 말미암아 계시를 받아 하나님 아버지와 예수 그리스도를 알고 믿어 구원을 얻으며 하나님 나라 백성으로서 영생을 누린다. 또한 성령의 은사들을 방편으로 삼아 교회를 섬겨 부흥되게 한다. 하나님의 말씀 계시는 지금도 그리고 영원토록 항상 살아 있고 활동력이 있다. 예수 그리스도와 성경 외에는 다른 계시도 없고, 다른 복음도 없다. 그래서 성부 하나님과 선지자이신 예수 그리스도는 성령을 통해서 오직 성경만을 가지고서 계시하시는 것이다. 성경 외에 다른 계시가 없다. 그러나 하나님의 계시는 항상 있고, 하나님은 여러 수단을 사용하여 성경을 가지고 성경을 통해서 항상 계시하신다. 그러므로 우리는 성경에서 계시를 받는다.

부록

1. 교회를 슬프게 하는 신학 논리
- 계시종결론과 은사중지론 -

나 용 화

1. 한국교회의 신학적 비극

기독교 세계화를 선도하고자 하는 한 대학교의 설립자이자 총장인 분이 말하기를, "신학교와 신학자가 많으면 많을수록 교회 성장은 멈추고 오히려 교회가 죽어간다"고 했다. 그래서인지 그 분의 대학교는 생명신학을 주제로 논문발표를 매년 하고 있는 것 같다. 사실, 신학은 신앙의 종으로서 교회와 성도들의 신앙을 튼튼하게 만들어 주는 학문으로서, 교회를 살리고 부흥시켜야 한다. 교회를 부흥하지 못하게 하는 신학은 이론상으로는 건전하게 보일지라도 심각한 문제가 있다.

국내외를 막론하고 신학교 교수들의 경우 거의 대부분 목회 경험이 없고 목회를 하지 않는다. 그런 까닭에, 개인적인 말씀 묵상과 집중적인 기도와 성령의 은사 체험이 적고, 말씀의 능력과 성령의 역사를 잘 알지 못한다. 의학을 전공하는 의학자들은 의료 현장과 의학 강의실을 연계하여 의료 현장의 자료들을 가지고 의학 이론을 발전시킨다. 그래서 의학은 끊임없이 발전하고 질병을 예방하며 제거하여 사람을 살리는 일을 한다. 이에 반하여, 신학자들은 목회 현장과 신학 강의실을 연계하지 못하고 있다. 교회가 제도적으로 신학교 교수들에게 목회할 기회를 주지 않고 있다.

보수 정통 신학을 자랑하는 한 신학대학교에서 10여 년간 교수를 하다가 목회를 하게 된 한 목사가 어떤 신학회에서 개회 설교를 하는 가운데, 말씀 묵상과 기도하는 일에 매일 세 시간을 바치라고 신학자들에게 간곡하게 부탁한 바 있었다. 그러면서 고백하기를 목회 현장을 모르고 한 신학 교수 사역은 생명과 능력이 없는 공허한 이론으로서 교회를 죽이는 신학을 가르칠 뿐이라고 하였다.

최근에 한국의 개신교 교회들의 성장과 부흥이 멈춘 이유 중의 중요한 것이 바로 이론에 치우친 신학 때문이다. 종교개혁자 칼빈은 신학 교수가 아니라 목회자 곧 목사로 살았다. 그래서 그는 말하기를, "나는 본래 목사이다. 내가 신학을 하는 것은 더 좋은 목사가 되고, 목회를 더 잘 하기 위해서이다"고 했다. 그가 신학을 연구하는 목적은 성경을 깊이 있게 연구하는데 있었고, 그리스도께서 성경을 가지고 성령으로 구원의 비밀을 계시하여 교회와 성도들의 믿음을 튼튼하게 하고 구원의 확신을 가지고 하나님의 자녀답게 살게 하는 것이었다.

그리스도 예수님께서는 지금도 끊임없이 성경을 가지고, 진리와 계시의 성령을 통해서 하나님 아버지를 알게 하고 또 예수님만이 그리스도이신 것을 계시하고 있으며, 성경 곧 하나님의 말씀이 선포되는 곳에서 예수님의 이름의 권세와 성령의 능력적 은사들(예: 신유, 방언, 축사 등)이 나타나게 하고 계신다.

한국의 보수 정통 신학을 자랑하는 신학대학교와 신학자들은 그리스도께서 성경을 가지고 성령으로 지금도 계시하고 계신다(웨스트민스터신앙고백 8장 8항; 대요리 43문답; 소요리 24문답)는 사실을 간과하여 계시종결론만을 주장한다. 그리고 은사중지론 즉 성령의 계시적 은사(예언)와 방언의 은사 및 신유(병 고침)와 축사(악령을 쫓아냄)의 은사가 사도시대 이후로는 중지되었다고 가르친다. 뿐만 아니라, 이같은 계시종결론과 은사중지론을 가지고 이단 시비를 하여 이단 아닌 이단을 만들어 정죄한다. 한국교회의 비극을 만들어낸다.

2. 배척되어야 할 계시종결론

기독교는 우상숭배의 이방종교와는 달리 말씀계시의 종교이다. 하나님은 인간이 하나님을 모른다고 결코 변명할 수 없게 인간의 본성과 자연계와 섭리를 통해서 항상 계시하고 있다(롬 1:19-20; 시 19:1-6; 참고, 칼빈, 「기독교강요」 1권 5장 1-3, 8절; 웨스트민스터신앙고백 1장 1항). 이 일반계시는 그 자체로서는 구원에 이르는 지식을 주기에 불충분한 까닭에 하나님께서는 자기 백성을 위하여 말씀계시를 안경과 같은 방편으로 마련해 주신 것이다(「기독교강요」 1권 6장 1,3절).

그런데, 어떤 신학자들의 주장에 의하면, 예수님이 사람의 몸으로 이 땅에 오셨고, 또 성경이 정경으로 완성된 이후로는 계시가 종결되었다고 한다. 즉, 예수님이 하나님 자신이시요(요 1:1, 18; 20:28) 성경이 하나님의 완전 무오 절대적 권위의 계시이시므로, 이 땅에 인간의 몸을 입고 오신 예수님의 성육신 사건과 성경이 정경으로 완성됨으로써 하나님의 계시가 종결되어, 이제는 하나님의 조명 사역만 있고 계시 행위가 아예 없으며, 따라서 계시의 중요한 수단들인 꿈, 환상, 음성, 이적(방언, 축사, 치유 등)이 필요없게 되어 이제는 중지 되었다고 강조한다.

칼빈과 웨스트민스터신앙고백이 말하는 바 성령의 조명이란 성경의 진리성 곧, 성경이 하나님의 계시의 말씀이라는 사실에 대한 확증(참고, 벌코프「조직신학」상, 크리스챤다이제스트, p.196)일 뿐 아니라, 성경에 말씀으로 계시되어 있는 바 모든 구원의 진리들을 깨닫게 하는 사역이다(칼빈, 「기독교강요」 1권 7장 4절; 1권 9장 3절; 웨스트민스터신앙고백 1장 5,6). 이로 보건대, 성령의 조명 사역은 하나님의 특별계시인 성경을 가지고 하나님의 구원의 비밀들을 깨닫게 하는 바 계시 행위인 것이다.

성령의 조명 사역이 계시 행위라는 사실은 첫째, 성경이 밝히 말한다. 지혜와 계시의 성령이 우리의 마음의 눈을 밝혀 하나님을 알게 하시고(엡 1:17-18), 진리의 성령이 우리 안에 영원히 계셔 예수님을 증거하여 알게 하시며 그의 말씀들을 깨닫게 하신다(요 14:16-17,26; 15:26; 16:13).

둘째, 웨스트민스터신앙고백에서 성령의 조명과 관련된 성경구절들이 밝히 말하고 있다. 고린도전서 2장 10-13절, "하나님께서는 성령을 통하여 우리에게 계시하셨다"(참고, 요 16:13; 엡 1:7). 성령께서 예수님이 그리스도이심을 알게 하여 믿게 한다(참고, 고전 12:3).

셋째, 그리스도의 선지자 직분이 밝히 말한다. 그리스도는 영원한 선지자로서 사도들과 교회의 말씀 사역자들을 통해서 성경을 가지고 계시와 진리의 성령으로 계시 사역을 항상 하고 계신다(웨스트민스터신앙고백 8장 8항; 대요리 43; 소요리 24문답; 참고, 벌코프, 「조직신학」하, p.596). 하나님의 아들이신 예수님만이 아버지 하나님을 온전히 계시하실 수 있고, 또 계시해 주신다. 아들의 계시가 없이는 오늘의 시대 뿐 아니라 어느 시대이든 아무도 아버지 하나님을 알 수 없다. 아들이신 예수님은 지금도 살아 계셔서 아버지 하나님을 우리에게 성경을 가지고 성령으로 계시하신다(마11:27).

넷째, 예수 그리스도 자신이 공적 사역에서 항상 하나님의 완성된 계시인 성경을 가지고 계시하신 사실(참고, 눅 4:16-21; 24:13-35)과, 사도들도 성경을 가지고 하나님의 계시 자체인 예수 그리스도를 알게 하는 계시 활동을 한 사실(행 2:14-36; 28:23-31)이 밝히 말한다.

다섯째, 일반계시가 지금도 있다는 사실이 밝히 말한다. 일반계시가 구원의 비밀을 알리기에는 불충분하기 때문에, 안경 노릇할 특별계시가 늘 주어져야 하는 것이다(참고, 시 19편).

여섯째, 예수님이 항상 살아계시고(히 13:8; 계 1:18), 성경도 항상 있고 살아 있다는 사실(벧전 1:23)과, 성경의 각 책이 본래 하나님의 완전한 계시였기에 교회에 의해 정경이 완성된 것이 아니라 단지 정경으로 공인되었을 뿐이라는 사실이 계시 종결론을 배척한다.

이로 보건대, 계시종결론은 예수님과 성경 외에 다른 계시가 없다는 사실만을 주장하다가 예수 그리스도의 영원한 선지직 뿐 아니라 성령의 계시 행위를 부정함으로써 성령의 역동적인 계시 활동을 제한하기 때문에, 사실상 그리스도의 교회를 죽인다.

3. 비성경적 반목회적 은사중지론

계시종결론을 주장하는 신학자들은 계시의 으뜸가는 목적(end)이 무엇인가를 먼저 묻는다. 물론 그 목적은 예수 그리스도이다. 예수님이 그리스도이심을 밝히는 것이 하나님의 특별계시의 으뜸가는 목적이다. 그들의 주장에 의하면, 예수님이 말세에 사람의 몸으로 친히 이 땅에 오시어 자신을 나타내셨을 뿐아니라, 하나님을 온전하고 충만하게 계시함으로 계시의 목적이 성취되었고(참고, 요 1:18; 히 1:2), 사도들 또한 예수 그리스도와 구원의 비밀들을 계시하였으며, 그 계시들이 성경에 충분하게 기록되어(계 22:18-19) 계시의 과정이 종결됨으로써 더 이상의 특별계시가 없다(end)는 것이다. 그리고 특별 계시를 위한 수단(신현, 예언, 이적)도 필요 없게 되어 중지되었다고 한다.

이 같은 신학자들의 주장은 특별히 웨스트민스터신앙고백 1장에서 가르쳐진 바, 성경의 절대필요성과 충분성과 성령의 내적 증거(조명) 등에 근거하되, 1장 1항에 언급된 바 "하나님께서 자기 백성에게 자신의 뜻을 직접 계시해 주시던 과거의 방식들은 이제 중단되었다"는 진술에 근거하고 있는 것이다.

이 신학자들의 주장을 보면, 우선 계시의 목적(end)에 초점을 맞춤으로써 처음부터 종결(end)을 전제하고 있다. 그래서 웨스트민스터신앙고백 1장 1항의 "과거의 방식들이 이제 중단되었다"는 말을 계시의 수단의 중단으로 주장한다. 한편, 이들은 하나님께서 살아계시기 때문에 인간의 본성과 자연계 그리고 섭리 사역을 통해 지속적으로 계시하는 것(일반계시의 지속성)을 인정하는가 하면, 성령님께서 성경을 가지고 구원의 비밀을 깨닫게 하는 바 조명 사역을 인정한다.

그러나, 웨스트민스터신앙고백 1장 1항에서 진술하는 바 중단된 것은 계시의 수단들(means)인 신현(하나님의 나타나심과 관련된 꿈, 환상, 음성)과 예언(하나님의 말씀 맡음)과 이적(치유, 축사, 방언)등이 아니고, 8장 6항에 진술되어 있는 바 구약에서 사용된 방식(ways) 곧, 약속과 예표와 희생제사 등이다(참고, 히 1:1; 8:5; 9:1, 9-10, 23-24; 10:1,8). 사도행전 2장에 인용된 요엘서 2:28-32에 의하면 마지막 날들 곧, 예수님의 초림 이후의 말세에 성령으로 말미암아 예언과 환상과 꿈이 모든 성도들에게 있게 되고, 하나님께서 많은 이적과 표적들을 행하시게 되어 있다. 이 예언은 사도행전에서 종결되는 것이 결코 아니고, 예수님이 재림하시는 날에 이르러서야 완결되는 것이다.

뿐만 아니라, 웨스트민스터신앙고백 8장 8항과 대요리 43-45문답과 소요리 24-26문답 등에 보면, 예수 그리스도께서는 대제사장으로서 자신이 성취한 구속을 성도들에게 효과적으로 적용하시고 중보 기도하시며, 대선지자로서는 말씀으로 그리고 말씀을 통해서 구원의 비밀들을 여러 가지의 시행 방법으로 계시하여 사람들로 하여금 믿어 순종케 하고, 왕으로서 모든 원수 마귀들을 물리치신다. 예수님께서 계시의 성령을 통하여 계시해 주지 않으면 어느 시대나 누구를 막론하고 하나님 아버지를 알고 예배할 수도 없고, 예수님의 진리의 말씀도 깨달을 수가 없는 것이다(마 11:27; 고전 2:10-13). 계시가 없으면 사람들이 방자하게 되고 결국은 멸망한다(잠 29:18).

이로 보건대, 성경을 가지고 계시와 진리의 성령을 통해 선지자 그리스도께서 하나님과 자기 자신과 구원의 비밀들을 계시하는 일은 사실상 주님의 재림 때까지 지속되어 마땅하다. 그래서 바울은 고린도 교회에게 성령의 계시 사역을 자세하게 말하는가 하면(고전 2:10-16), "너희가 모일 때에는 각각 찬송도 있고 가르침도 있고 계시도 있고 방언도 있고 통역도 있으나 모든 것을 덕을 세우기 위하여 하여라"(고전 14:26)하고 예언과 방언을 덕스럽게 하는 방법을 제시하면서(고전 14:27-40), 여자들의 경우 방언할 때 조용하게 하라고 하였다(고전 14:34).

계시종결론자들은 계시의 목적에 초점을 맞추어 논리를 전개함으로써 예수 그리스도에게서 계시의 과정이 완성되고, 사도들에 의하여 예수의 그리스도이심과 그의 구속 성취 사역이 온전하게 증거되어 성경이 정경으로 완성됨으로써 예수 그리스도와 성경 외에는 다른 계시가 없으며, 결론적으로 지금은 계시가 없고 단지 조명만 있다고 주장하는 것이다.

그러나, 계시의 정의에 초점을 맞추어 논리를 전개하되 그리스도 예수님의 선지자 직분과 성령의 계시 사역 및 성경에 있는 바 계시와 관련된 예수님과 사도들의 가르침(마 11:27; 요 15:26; 16:13; 고전 2:10-13; 엡 1:17-18)과 사역(행 2:14-41; 3:11-26; 4:8-12; 5:29-32; 9:22; 28:31)에 근거하여 살펴보면, 계시의 주체이신 성부와 성자와 성령 하나님은 계시의 수단들을 여전히 지금도 사용하여(참고, 행 5:12-16; 8:4-8; 9:4,10; 10:3,46) 성경을 통해서 계시하고 있는 것이다. 일반적으로 신학이 말하는 바 계시는 성부와 성자와 성령 하나님께서 하나님 자신 뿐 아니라 하나님의 구원 사역(작정, 성취, 적용) 및 장래에 되어질 일들을 알리고 깨닫게 하는 행위와, 그 행위로 말미암아 얻어지는 지식이다. 이 정의에 따르면, 불신자들이 예수님을 그리스도로 믿어 회개하고 구원 얻으려면 성령의 계시가 있어야 하는 것이다(참고, 고전 12:3).

이로 보건대, 계시의 목적에 초점을 맞추면 계시가 종결되어 이제는 없다고 비성경적으로 결론짓게 되지만, 계시의 정의에 초점을 맞추면 계시가 여전히 있다고 성경적으로 말할 수 있게 된다. 성경 곧 하나님의 말씀이 항상 있고 살아 있기에(벧전 1:23) 하나님의 계시도 항상 있고 살아 있는 것이다. 예수님 이외에 새로운 다른 특별계시는 없지만, 그 특별계시는 항상 있고 살아 있으며, 말씀의 사역자들을 통하여 성령으로 증거되고 가르쳐짐으로써 늘 계시된다.

계시종결론을 주장하는 자들은 계시의 수단들(신현, 예언, 이적)이 이제는 필요없다고 보기 때문에 은사중지론을 주장한다. 다시 말해서, 신현(하나님의 나타나심)과 관련하여 예수 그리스도의 성육신 사건이 최고의 신현이기 때문에 더 이상의 신현이 필요 없으며, 따라서 꿈이나 환상이나 음성 등이 이제는 없다고 말한다. 예언(하나님의 말씀을 맡음)과 관련해서는 성경에 하나님의 말씀이 온전하게 주어져 있기 때문에 더 이상의 예언이 필요 없으며, 따라서 예언의 은사가 없다고 말한다. 이 같은 주장에 의하면 오늘날의 말씀 사역자들은 하나님의 말씀을 맡는 일이 없는 셈이요(참고, 고전 4:1-2), 그 말씀을 가지고 장래의 일들에 대하여 예언하는 일이 불가능하다(참고, 요 16:13). 그리고 이적(또는, 표적)과 관련하여서는 예수님의 성육신 사건이 최고의 표적이기 때문에 더 이상의 표적이 필요 없다고 말한다. 또한, 예수님이 그리스도이신 것과, 성경이 하나님의 참된 말씀이요 특별 계시임을 확증할 목적으로 표적들이 주어졌기 때문에, 예수님이 그리스도이신 것이 사도들에 의해 확실하게 선포 되었고, 성경이 정경으로 완성된 이후로는 사실상 이적이 필요 없게 되었다고 말한다. 그래서 은사중지론자들에 의하면, 치유와 방언과 축사와 같은 표적이 중지되고 없는 것이다.

이 같은 계시종결론과 은사중지론을 주장하는 자들은 계시의 수단들과 관련하여 꿈과 환상과 음성이 지금도 성도들에게서 체험된다는 사실을 부정할 뿐 아니라 이단으로 정죄한다. 그리고 예언의 은사와 방언의 은사는 물론 치유 사역과 축사 사역도 부정하고 이단으로 정죄한다. 이 같은 이단 정죄 행위로 말미암아 한국교회를 죽이는 죄와 악을 범하고 있다.

하나님이 이적을 행하시는 목적은 성경 계시를 확증하는 데만 있지 않고, 하나님의 살아계심(출 7:5)과, 예수님이 그리스도이심(막 5:25-34; 요 20:30-31)과 성령님의 능력(행 10:38)을 나타내며, 하나님의 말씀의 사역자들의 신적 권세를 세워주고(고후 12:12), 하나님의 말씀이 지금도 살아 활동하는 것을 보여 주며(행 19:11-12,20), 궁핍한 중에 있는 자들에게 급한 도움을 주어 하나님께 영광을 돌리게 하는(행 16:25-34) 등 여러 가지이다. 하나님은 과거 뿐 아니라 언제라도 이적을 행하신다(참고, 웨스트민스터신앙고백 5장 3항).

복음이 선포되는 곳에서는 어디서나 예수님은 함께 일하시어 능력과 표적을 행하시고, 이로써 하나님의 말씀을 확증하시는 것이다(막16:20). 사도행전의 경우처럼, 오늘날에도 주님의 은혜의 말씀이 증거되는 곳에서 복음 전도자들의 손을 통하여 표적과 기적들을 주님은 행하신다(행14:3; 막16:15-18).

2. 칼빈과 성경의 권위

존 머레이
나용화 옮김

이전번 장에서는 「칼빈의 성경교리」를 다루었고, 그리고 칼빈이 성경의 무오성(無誤性)과 축자 영감교리(逐字 靈感敎理)를 신봉하지 않았다는 주장을 반박하였었다. 오늘날 우리가 처해있는 상황에서, 그리고 특히 칼빈의 성경관에 관하여 최근에 많은 책들이 저술된 것을 고려할 때, 하나님의 말씀으로서의 성경의 특성에 관한 칼빈의 가르침이나 그의 성경 해석과 연관성 있는 다른 논제들은 우리가 여기서 다루지 않는다면 심각하고 치명적인 결문(缺文 : lacuna)이 있게 된다.

이러한 논제들 중의 하나는 성경과 성육신(成肉身)하신 말씀(the Word incarnate)으로서의 그리스도와의 관계에 관한 것이다. 즉, 기록된 말씀(the written Word)과 성육신하신 말씀과의 관계를 다루는 문제이다. 칼빈은 성육신하신 성자가 신적 계시(神的 啓示)의 중심이라고 주장하고 있다. 그의 기독교 강요와 주석들을 보면 그는 철저하게 그리스도 중심이고, 그리스도를 앞세워 놓고 있다.

"그러므로 구약 시대의 성도들이 가진 신지식(神知識)은 성자 안에 계시는 하나님을 거울을 통해서 보고 얻은 지식에 불과하다. 이

부록

말은 곧 하나님께서 그의 유일한 빛과 지혜요 진리인 그의 아들을 통해서만 그 자신을 인간들에게 나타내셨다는 뜻이다. 이 원천(原泉)이신 그리스도에게서 아담, 노아, 아브라함, 이삭, 야곱 등이 천국 교리에 관한 지식을 얻어 내었다. 이와 마찬가지로 모든 선지자들도 천국 말씀들에 관한 지식을 그에게서 얻어내어 가르쳤다."(Ⅳ, ⅷ, 5)

다른 예를 하나 더 인용하여 그가 말한 것을 들어 보자. "이 이유 때문에 그리스도는 그의 제자들에게 자기를 믿으라고 명령하고 있다. 그리하여 그들이 분명하고도 완전하게 하나님을 믿을 수 있도록 하였다.… 왜냐하면, 정확히 말해서 신앙은 그리스도로부터 출발하여 하나님에게로 올라간다. 그런데 하나님을 믿는 신앙이 확실하다고 할지라도 그리스도께서 중간에 끼어들어 신앙을 확실하게 해 주지 않으면 그 신앙은 곧 없어지고 만다고 하기 때문이다.… 그래서 하나님께서 신앙의 대상이라고 하는 일반적인 말을 인정하기는 하지만 그 말은 조금 수정되어야 한다. 왜냐하면, 그리스도께서 보이지 않는 하나님의 형상이라고 불리워진 것이(골1:15) 전혀 이유 없는 것은 아니기 때문이다. 여기에서 우리가 깨달을 수 있는 것은 하나님께서 그리스도 안에서 우리를 만나 주시지 않으면 우리가 구원에 이르는 지식을 가질 수 없다는 사실이다."(Ⅱ, ⅵ, 4)

칼빈의 이러한 사상의 절정은 다음과 같은 그의 말에 나타나 있다. "현대의 회교도들이 천지의 창조주가 자기들의 하나님이라고 자랑하고 있지만, 그리스도를 불신(不信)하는 한 그들은 참된 하나님 대신 우상을 섬기고 있을 뿐이다."(Ⅱ, ⅵ, 4) 그리스도의 이러한 필수적 개입과 중재(仲裁)에 비추어 생각해 보면, 「기독교 강요」에서 성경 자체와 관련된 다음과 같은 그의 글을 읽을 때 놀라지 않게 된다. "그러므로 주님의 율법이 그리스도의 은총과 단절된 나머지 우리의 마음에 감동을 주지 못하고, 귓가에만 들릴 때, 그 문자는 죽은 것이요, 주님의 법은 독자들을 죽일 뿐이다." (I, ix, 3)

"우리가 그리스도에게서 떠나게 되면 곧바로 부어 만든 우상들만을 섬기게 된다. 그러나 그리스도 안에는 오직 신적인 것과, 우리를 하나님 안에 있도록 지켜 주는 것만이 있다." (요14:10).

그러므로 니젤(Wilhelm Niesel)이 말한 바와 같이 다음의 말은 참으로 사실이다. "성경의 말씀이 신적 생명으로 생기를 띄지 않으면 그것은 죽은 것이요, 우리를 위해 아무런 쓸모가 없는 것이며, 그것이 그리스도와 절연(絕緣)되면 그 순간 즉시 영혼없는 문자들의 죽은 시체가 되고 만다. 율법의 영혼인 그리스도만이 그것을 살게 할 수 있다고 칼빈은 생각한다는 것이다." (The Theology of Calvin, p. 32). "예수 그리스도는 율법의 영혼이요, 성경 전체의 중심점이다." (상게서, p. 33).

그러면 계시의 중심점(focal point)으로서의 성육신하신 말씀의 중심성(centrality)에 관한 이 입장은 축자영감 교리와 양립될 수 없는가? 양립될 수 없다고 보는 것이 바로 니젤(Niesel)의 주장이다. 그는 말하기를, "우리가 칼빈의 이와 같은 주장을 감안해 볼 때 그를 축자적 영감론의 해석자로 생각하는 것은 얼마나 잘못된 것인가를 깨닫게 된다." (상동)고 하고서, 계속 주장하기를, 이러한 이유 때문에 칼빈은 결코 성경의 "영감된 축자적 무오성" (inspired literal inerrancy)을 믿지 않았다고 했다. "칼빈이 우발적으로 성경의 신적 영감에 대해 말할 수도 있겠으나 그러한 말들은 신적으로 영감된 성경과 하나님의 진리 자체를 동일시하는 뜻으로 결코 해석되어서는 안된다. 하나님의 진리는 예수 그리스도이다.… 축자적 영감 교리는 성경을 우상으로 숭배케 하며, 하나님의 말씀의 성육신은 오직 하나뿐이고, 성경은 이 성육신에 대한 증인이라는 사실을 간과한다." (상계서, p. 36).

이 논쟁적 주장은 성경의 교리와 성육신의 관계에 관하여 변증법적 신앙(辨證法的 信仰)에 의해서 진전된 대표적 논증인데 이에 대해서는 특별히 두 가지가 언급되어야 한다.

첫째로, 하나님의 진리 자체로서의 성경과 성육신하신 진리로서의 그리스도 사이에, 그리고 무오한 성경과 계시의 중심으로서의 그리스도 사이에 어떤 부조화가 있는 것으로 칼빈이 의식했다는 사실을 우리는 그에게서 발견하지 못한다. 그리스도는 모든 세대의 성도들이 그들의 천국교리에 관한 지식을 얻어내야 하는 원천이라고 한 바로 그 문맥에서, 칼빈은 계시의 과정을 우리에게 서술하고 있다. 그러나 특별히 우리의 관심을 집중시키는 것은 그가 성경 자체를 하나님의 성문화(成文化)된 말씀(the inscripturated Word of God)으로 평가했다는 점이다.

우리는 다음과 같은 칼빈의 말을 놓쳐서는 안된다.

"보다 뚜렷한 가시적 유형교회(可視的 有形敎會)를 세우는 것이 하나님을 기쁘게 하였을 때, 그의 말씀이 기록되게 한 것은 바로 그의 뜻이었다."(Ⅳ, ⅷ, 6). 기록되게 한 것은 바로 하나님의 말씀이므로 성경은 성문화된 말씀이다. 그래서 그는 전 구약성경의 경우에 대해서 요약하여 말하기를, "그러므로, 율법, 선지서, 시서, 역사서 등으로 되어 있는 성경은 전체가 모두 구약의 고대 사람들에게는 주님의 말씀이었으며(verbum Domini fuit veteri populo), 그리고 그리스도가 오시기 이전까지 제사장들과 교사들은 그들의 교리를 이 규범(規範)에 일치시켰다. 그들의 직책은 전적으로 이 범주 안에 제한되어 있었기 때문에 그들이 하나님의 입에서 받아 백성들에게 답을 줄 수 있도록 그들은 좌로나 우로 빗나가는 것이 합당치 않았다."(Ⅳ, ⅷ, 6).

성경이 기록된 하나님의 말씀이기 때문에 그것은 하나님의 입이며, 그러기에 우리가 자주 발견한 대로, 성경은 곧 우리가 하늘로부터 하나님의 음성을 듣는 것과 같다고 할 수 있음이 분명하다.

그렇다고 해서 이 점에 있어서 칼빈은 조금이라도 그리스도의 성육신(成肉身)의 엄청난 의미를 감소시키지 않는다. 그리스도는 의의 태양이요, 우리에게 그가 빛을 비추어 주셨기 때문에, "우리는 신적 진리의 찬란한 광채를 충만히 받아 누리고 있다. 그리고 그 진리의 광채는 우리가 하나님께로부터 받게 되는 최종적이고도 영원한 증거이다."(Ⅳ, ⅷ, 7). 그러나 칼빈이 성육신하신 성자 그리스도 안에 나타난 계시의 광채, 유일성, 최종성을 그처럼 밝히 천명하여 말했을 때, 우리가 주의해야 할 중요한 사실은, 기록된 하나님의 말씀으로서의 성경에 속한 최종성과 권위를 성경이 박탈당한다는 암시가 칼빈에게는 없다는 점이다. 뿐만 아니라, 칼빈은 오히려 이러한 성경의 최종성과 권위를 강조하여 주장했으며 결코 얼버무리지 않았다. 칼빈은 성육신하신 성자 안에서 하나님이 "최종적이고 영원한 증거"를 주었다고 주장한 연후에 곧바로 이렇게 말했다. "그러므로 우리가 준수해야 할 공리(公理)는 바로 이것이다. 즉 교회 안에서는 어떤 것도 하나님의 말씀으로 인정되어서는 안되고, 다만 첫째로, 율법과 선지서 안에 포함된 것과, 둘째로, 사도들의 서신들 안에(Scriptis apostolicis) 있는 것만이 하나님의 말씀으로 받아져야 한다. 또한 교회 안에서의 올바른 교육의 방법은 이 말씀의 규정과 규범을 따르는 것에 한한다(Ⅳ. ⅷ. 8.). 사도들이 말한 것은 그들이 주님에게서 받아서 말한 것이요, "그리스도의 영의 지시와 인도를 받아 한 것이다."(Ⅳ. ⅷ. 8.). 그는 말하기를, "사도들은 확실하고 권위있는 성령의 필기자(筆記者)였다. 그러므로 그들의 글은 하나님의 말씀으로 받아져야 한다."(Ⅳ. ⅷ. 9.)고 하고 있다.

그러므로 칼빈의 경우에 있어서, 하나님의 성육신하신 말씀 자체인 그리스도는 신적 진리의 충만한 광채요 우리에게 주어진 하나님의 최종적 영원한 증거이다. 한편, 성경은 하나님의 말씀으로서 하나님의 입으로부터 구술된 성질의 것이다. 그러기에 그리스도와 성경은 아무런 이론(異論)의 여지없이 그에게 있어서는 양립되는 것으로 인식되어야 한다. 또한 영감의 본질과 효과에 대한 칼빈의 이해는 과소평가되어서는 안된다. 왜냐하면 사실은 그리스도의 최종성과 중심성(the finality and centrality of Christ)이 가장 분명하고도 웅변적으로 언급된 바로 그 문맥에서, 성경이 기록된 하나님의 말씀이라는 이론을 지지하기 위해 영감 문제가 소개되고 있기 때문이다.

그러나 둘째로, 칼빈에게 있어서 성육신하신 말씀인 그리스도에게 속한 최종성과 기록된 하나님의 말씀인 성경의 최종성 사이에는 어떤 부조화도 있지 않다는 것이 사실이다. 그러나 우리는 다음과 같이 질문할 수 있다. 왜 우리는 어떤 부조화감을 찾아야만 하는가? 칼빈은 생각이 깊은 사상가로서 그의 사상은 어떤 모순성의 제시도 없이 두 개의 이론을 나란히 소개한 이유는 내 생각 같아서 는, 칼빈이 하나님의 최종적 영원한 증거인 예수님의 증거에 충실했 고, 한편 이 동일한 증거의 함축된 의미를 이해했기 때문인 것으로 보고 싶다.

그리고 한 가지 여기에 첨부하여 말하여 두고 싶은 것은, 니젤 (Wilhelm Niesel)이나 그의 동류(同類)들은 예수님이 계시의 중심점이 라는 공리(公理)의 함축된 뜻을 이해하지 못했기 때문에 그들은 하 나님의 기록된 진정한 말씀인 성경과 성육신하신 말씀인 그리스도 가 서로 대립되는 것으로 생각한 것이다.

그리스도는 성육신하신 하나님의 아들로서 하나님의 최고의 계 시이다. 그는 인격적이면서도 본체적인 말씀(hypostatic Word)이요, 하나님의 영광의 광채요, 하나님 본체의 바로 그 사본(寫本)이다. 그래서 우리가 그를 대하게 될 때 우리는 하나님의 계시적 말씀과 대하게 될 뿐 아니라, 육체 안에 현현(顯現)된 하나님 자신과, 조금 도 감소됨이 없는 동일성과 존엄을 지닌 하나님을 대하게 된다. 또 한 우리가 그의 영광을 바라볼 때 은혜와 진리가 충만한 하나님의 독생자의 영광을 바라보게 된다. 그 안에는 신격 전체(the totality of Godhead)가 육체로 거하고 있다. 그러기에 칼빈과 모든 기독신자들 은 그리스도 없이는 구원에 이르는 지식이 있을 수 없음을 고백해 야 하는 것이다. 정말로, 그리스도의 격위와 그와 더불어 주어진 계 시의 초월적 유일성과 최종성에 대해서는 이보다 훨씬 더 많은 말 로써 높이 평가되어야 할 것이다. 그리스도는 하나님의 계시적 구속적 성취의 무비(無比)의 사실이다.

그러면 예수 그리스도가 본체적(本體的) 말씀이라는 이 사실은 영감되고 무오하며 성문화된 말씀의 가능성 및 실제성과 상충된다고 보아야 할 것인가? 이 질문은 우리가 당면하고 있는 그리스도의 유일성, 최종성, 중심성(uniqueness, finality, and centrality)에 관한 가장 긴급하고 실제적인 문제와 밀접하게 관련되어 있다. 왜냐하면, 이 질문은 우리가 어떻게 성육신하신 말씀인 예수님을 현실적으로 만날 수 있는가 하는 문제이기 때문이다. 사실, 예수님이 육신으로 계실 동안에 그를 만나고 그의 입에서 나오는 은혜스런 말씀들을 들을 수 있었던 사람들은 큰 특권을 누리었다고 할 수 있다. 우리는 이러한 특권의 많은 증거를 제자들에게서 찾아 볼 수 있다. 그러나 지금 예수님은 육체로 여기 계시지 않는다. 그러면 우리는 어떻게 육체로 현현하신 하나님을 만나 즐길 수가 있는가? 이 질문은 바로 성경으로서만 대답될 수 있다.

사실, 성육신하신 말씀인 그리스도를 성경 없이는 결코 우리가 접촉할 수 없다. 이 점을 니젤(Wilhelm Niesel) 같은 사람들도 인정한다. 그러기에 인격적인 말씀을 만나기 위한 성경의 필요성에 대해서는 견해를 같이 한다. 그렇다면 어찌하여 무오한 성경이, 성경이 가능케 한 그 만남을 저해할 수 있을까? 환언하면, 어찌하여 성경의 무오성이 성육신하신 주님과의 이 만남을 저해할 수 있다는 말인가? 무오성(無誤性)이란 것은 본래부터 그러한 저해요소가 있는 것인가? 이러한 질문들은 이 논쟁이 기초하고 있는 전제의 오류성을 의인정하는 것이다.

그러나 성육신하시고 승천하신 주님을 만나는 데 있어서 무오성은 적대적(敵對的)인 요소를 조금도 갖고 있지 않다. 분명한 사실은 무오성이 다른 이유들로 인하여 거부되고 있으며, 성육신하신 말씀과의 만남이 엄격하게 인격적인 성격을 지니고 있다는 논증은 성경의 무오성 교리를 거부하는데 그럴듯한 지지를 주기 위해서 끌어들여진 것이다. 왜 그럴듯한가 하면, 성경 무오 교리가 실제에 있어서 성육신하신 주님에게 속한 영광과 그를 믿는 믿음과 또는 그에게 드려진 경배를 조금도 저해하지 않을 때 성육신하신 말씀으로서의 그리스도의 중심성과 최종성을 그 논증이 드높이는 것처럼 보이기 때문이다. 그리고 성경 무오성의 어떤 요소도 그리스도 안에서 구체화되고, 또 그에 의해서 주어지는 계시의 유일성과 부조화를 이루지 않는다. 뿐만 아니라 이 두 가지 교리는 상호 조화가 잘 되는 것이다.

그리스도는 그 자신이 계시(啓示)이다. 또한 그는 우리 인간에게 계시를 주신 분이시다. 그가 주신 계시는 그가 육신의 몸을 입고 계시는 동안에 스스로 증거한 증거와 성부께서 음성으로 그를 증거한 증거와 구별지어 생각될 수 없다. 예수님께서 주신 계시를 그가 하신 말씀이나, 하늘에서 "이는 내 사랑하는 아들"이라고 한 성부의 음성과 구별하여 생각하려는 것은 순전히 추상에 불과하다. 예수님이 하신 말씀들은 영감된 것이요 무오한 것이다. 이러한 가정(假定)이 받아들여질 수 없다고 한다면 성육신하신 말씀으로서의 예수님의 무오성이라든가 그의 계시의 중심성과 최종성은 거부되어야 마땅하다.

예수님의 말씀의 이 무오성 교리는 그가 성육신하신 말씀이라는 사실을 조금도 방해하지 않는다. 오히려 그의 말씀의 무오성은 성육신하신 말씀인 그의 존재와 상호 관련성이 있다. 전자는 후자로부터 필연적으로 발생한다. 그가 진리라는 사실은 그의 말씀의 무오성을 보증하여 준다.

그러므로 결론은 명백하다. 영감된 무오한 말씀들은 그리스도 자신이 계시의 중심점이란 사실과 조금도 모순되지 않으며 오히려 필요불가결(必要不可缺)한 것이다. 제자들에게 본체적 말씀으로서의 그리스도 자신의 실제와 중요성을 확증시켜 준 것은 바로 그의 무오한 말씀이었다. 계시의 말씀은 성육신하신 말씀으로서의 그를 그의 동일성(同一性) 안에서 만나고 접촉케 하는 매개체(媒介體)였다.

우리는 육신으로 현현되셨던 그 하나님의 아들과 오늘날 접촉할 수가 없다. 우리는 제자들이 들었던 그의 육성을 듣지 못한다. 그러나 우리가 성육신하신 말씀인 그와 구원의 만남을 갖도록 되어 있다면 제자들의 경우에 있어서와 마찬가지로 우리에게 있어서도 계시된 말씀은 필요불가결한 것이다. 그런고로 이 필요불가결한 접촉의 매개체가 제공될 수 있는 어떤 다른 길이 있어야만 된다. 그 유일한 매개체는 성경이라는 매개체뿐이다.

아주 놀랄만한 사실은, 생명의 말씀이신 그리스도를 직접 보고 듣고 만져 본 제자들이 누린 특권의식은 굉장한 것이었을 텐데, 그 특권을 누리지 못한 우리들을, 성육신하신 말씀인 예수님을 실제로 만나보지도 못하고 교제하지도 않았다 하여 얕보지 않고, 더구나 우리가 주님을 만나보지 못한 사실을 제자들은 강조하여 주장하지 않는다는 점이다. 그들은 오히려 주님께서 도마에게 말씀하신 진리를 되풀이하여 말하고 있을 뿐이다. "너는 나를 본 고로 믿느냐? 보지 못하고 믿은 자들은 복되도다."(요.20:29).

완곡(婉曲)하게 말을 한다고 하여도 우리 신자들은 제자들이 누린 바 예수님을 직접 섬길 수 있었던 특권도 누리지 못하고 있고, 더구나 신앙의 불가결의 매개체인 성육신하신 말씀이신 예수님의 무오한 축자적(逐字的) 말씀의 전달을 받지 못하고 있는데, 이러한 우리 신자들이 무오한 축자적 계시를 갖지 못하는 불리함에 처해진다는 것은 이상한 일이 아닐 수 없다. 왜냐하면 이것은 성육신하신 말씀과의 만남에 있어서 기본적인 요소가 근본적으로 차이를 가지고 있음을 의미하기 때문이다. 그러나 사실 신약에는 이러한 근본적 차이로 말미암아 우리들에게 가해지는 불리한 여건에 관해 아무런 암시도 나타나 있지 않다.

좀 더 깊이 따져 얘기하자면, 그러한 불리한 여건이 신약에 전혀 없다는 증거가 확실하다. 우리 주님과 그의 사도들은 성경을 최종적 권위로 인정하여 그 성경에만 의존하였다. 또한 그들은 성경을 절대로 유오(有誤)할 수 없는 것으로 보았다. 그리스도와 사도들의 이러한 성경관(聖經觀)을 지지해 주는 증거는 거듭 나타나 있으므로 더 이상 여기서 논증할 필요가 없다. 즉 하나님의 성문화된 말씀은 축자적 계시의 양태로써, 무오한 말씀의 형태가 갖춰야 할 필요조건들을 충족시켜 주고 있는 것이다. 무오한 말씀의 형태는 우리가 지금까지 말해온 바 우리의 상황이 요구하는 바에 가장 적합한 것이다. 우리 주님과 사도들의 증거의 취지는 다음과 같다. 어떠한 축자적 계시의 양태도 성문화된 것보다 더 권위가 있을 수 없고, 하나님께서 우리 인간들에게 제공해 주시기를 기뻐하신 바 계시의 어떠한 양태도 성문화된 계시의 양태보다 더 확실하고 견실한 것은 없다는 것이다.

여기서 문제의 요점은 바로 이것이다. 무오(無誤)한 축자적 계시(逐字的 啓示)는 성육신하신 말씀인 그리스도의 중심성이나 최종성과 상반하지 않는다는 점이다. 사실은 무오한 말씀들만이 주님과 대등하게 대비(對比)될 수 있는 필요불가결한 수단이었다. 성문화된 축자적 계시는 우리에게 유효하고 유일한 계시의 양태이다. 그 무오성의 특질은 축자적 계시의 양태에 의해서 주어지는 목적을 조금도 해지지 않는다. 오히려 그 목적을 보강해 준다. 우리 주님과 사도들의 증거는 그러한 무오성의 특질을 지니고 있는 성경에 대한 것이다. 무오한 축자적 계시는 성육신하신 말씀인 그리스도의 유일성을 해치는 것이 아니라, 오히려 제자들이 의심없이 믿었던 것을 우리 역시 믿을 수 있도록 해 준다. 칼빈의 사상에 있어서 그는 한편으로는 그리스도를 하나님의 궁극적 영원(窮極的 永遠)한 증거라고 주장했고, 다른 한편으로는 신구약 성경을 기록된 하나님의 말씀으로 주장했다.

그러나 이러한 주장들 간에 있을 수 있는 차이점에 대해서 그가 조금도 의심을 갖지 않았다는 사실은 그가 예수님 자신의 증거에 충실했을 뿐 아니라, 성경은 하나님의 성문화된 말씀이요, 하나님 자신의 거룩한 입에서 나온 무오성(無誤性)을 부여받은 것으로서 보이지 않는 하나님의 형상인 그리스도의 중심성과 상호 관련이 있고, 말세에 사는 우리의 상황에 필수불가결하다는 것을 그가 확신하고 있음을 증명해 준다.

이제 또 하나의 다른 부제(副題)인 성령의 내적 증거(內的證據)와 성경과의 관계를 생각해 보기로 하자. 우리는 이 문제를 다룸에 있어서 성경의 권위와 내적 증거와의 관계라는 각도에서 살펴야 할 것이다. 이것이 곧 칼빈의 입장에 관한 논쟁이 진행되어 온 방향이다. 그런데 그렇게 된 것은 당연하다. 칼빈 자신도 많은 관심을 그러한 방향에서 그 문제에 기울이고 있는 것이다.

특별히 칼빈은 기독교 강요 1권 7장에서 성령의 내적 증거를 다루고 있다. 7장 서두에 있는 개요는 성경의 권위 문제에 대해 이 주제가 관련되어 있는 범위를 지시해 주고 있다. "무슨 증거에 의해서 성경의 절대권위(絕對權威)는 확립되어야 하는가? 그것은 곧 성령의 증거이다. 성경의 권위는 흔들릴 수가 없다. 그러므로 성경에 대한 신앙이 교회의 결정에 좌우된다는 것은 불경된 죄이다." 그리고 이 7장의 첫 문장도 이 점을 지지해 주고 있다. "여기서 상론하기 전에 우선 성경의 권위에 대한 약간의 고찰을 소개하는 것이 좋을 듯 싶다. 이렇게 함으로 해서 우리는 그 권위를 경건한 마음으로 용납할 수 있도록 준비가 되고 또한 모든 의심을 물리칠 수 있게 되기 때문이다."(Ⅰ. ⅶ. 1)

우리가 성경의 권위에 대해 언급할 때, "성경의 본래적으로 있는 권위"(the authority that is intrinsic to scripture)와 "성경은 권위있다고 하는 우리의 확신"(our persuasion or conviction that scripture is authoritative)을 구분하여야 한다. 이것은 성경에 권위를 부여해 주는 것(impart)과 성경은 권위있다는 우리의 확신의 근원(source)이 되는 것과의 구별이요, 또한 권위가 귀속하고 있는 것과 우리의 확신이 유래하는 것과의 구별이다. 또한 객관성(客觀性)과 주관성(主觀性)간의 구별이다.

그런데 이러한 구별을 칼빈은 우리가 바라는 만큼 분명하게 설명하고 있지 못하다. 적어도 "권위"라는 술어에 관한한 조금 모호한 점이 있다. 1539년판 「기독교 강요」에서(I. x x iv.), 성경의 권위는 성령의 내적 증거에서부터 기인한다고 그는 말했다. 또한 이 최종판 강요에서도 그는 이와 유사한 말들을 한다. 만일 성경의 권위가 성령의 내적 증거에 의존하거나 유래한다고 칼빈이 말한다면, 그 권위는 그 권위가 산출되었던 그 성령의 활동으로 말미암아 성경에 본래적(本來的)으로 있는 권위에 의존하지 않는 것이 된다. 한편 칼빈은 성경의 권위가 신적 화자(神的話者)인 하나님에게 귀속하고 있고, 본래 성경의 성경된 것에 권위는 귀속(歸屬)하여 있다는 식의 말을 많이 하고 있다. 그래서 우리는 권위에 관하여 서로 상이한 방향으로 생각하게 되는 것이다.

그러므로 칼빈의 어떤 해석자들이 다음과 같이 주장한다고 해서 놀랄 것은 없다. 그들은 칼빈이 성경의 권위의 기초를 부분적으로만 내적 증거에 두고 있다고 주장한다. 제베르그(R. Seeberg)는 칼빈이 성경의 권위를 부분적으로는 신적 구술(divine dictation)에, 그리고 부분적으로는 성령의 증거에 그 기초를 두고 있는 것으로 말하고 있다(Lehrbuch der Dogmen Geschichte, p. 569). 그러나 이러한 해석이 칼빈 자신의 말들에서 얼마나 쉽게 추론(추론)될 수 있는가를 우리는 이해해야 한다.

다우이(E. A. Dowey)도 칼빈의 성경관을 탁월하게 잘 다루었음에도 불구하고 다음과 같이 글을 쓰고 있다. "성경이 본래적인 확실성(intrinsic validity)을 지니고 있다는 것은 분명한 사실이다. 그러나 그것은 성경의 권위나 그 권위의 한 원천마저도 성립시키지 않는다. 그 권위는 하나님 자신의 내적 증거로부터 만이 유래한다. 그리고 그 증거를 통해서 본래적 확실성이나 성경말씀의 본래적 진리가 인식되고 확증된다."(상게서, p. 108). 그리고 그는 덧붙여 말하기를, "성령의 내적 증거는 성경의 권위의 중요성을 불안정한 지지(支持)들로부터 옮겨다가 '저자'이신 하나님 자신에게만 의존케 하는 것을 뜻한다."(상게서, p. 109)고 한다. 그런데 이러한 다우이(Dowey)의 말들은 본래적인 권위(intrinsic authority)와 그 권위의 신임(accreditation of that authority)간 및 권위로서의 권위(the authority as such)와 우리와 함께 하는 권위(the authority with us)간의 구별에 대한 보다 정확한 개념을 나타내 보여주고 있는 그의 다른 말들과 거의 부합하지 않고 있음을 알아야 한다.

제베르그(Seeberg)가 주장하는 대로, 칼빈이 성경의 권위의 기초를 성경의 영감과 성령의 내증(內證) 등 두 가지 것에 두고 있다고 하면, "권위"의 개념이 양자의 경우에 동일한 것으로 사용되지 않았다고 보는 것이 옳을 것이다. 즉, 성경의 권위가 하나님의 저자권(著者權)에 기초한 것으로 보게 될 경우에는, 칼빈은 성경에 본래적으로 있는 권위를 생각하고 있다고 할 수 있다. 그러므로 그 권위는 우리에게 객관적인 것이다. 반면에 성경의 권위가 내적증거에 의해서 확립되는 것으로 이해될 경우에는 그는 우리의 마음판에 새겨진 주관적 권위를 생각하고 있는 것이다.

이상의 두 가지 권위의 개념은 전연 서로 다른 성질의 것임이 분명하다. 그런데 "권위"를 칼빈이 이중적 개념을 가지고 사용했다는 이와 같은 추론이 옳다면, 첫 번째 개념에서 권위가 성령의 내적 증거에 기초한다고 말하는 것이나, 두 번째 개념에서 권위가 영감에서 유래된 것이라고 말하는 것 등이 모두 그릇되고 엇갈리는 것이라고 할 수 있다. 만일 칼빈이 항상 성경의 권위를 내적 증거에만 근거를 두고 있다고 한다면, 우리가 내려야 할 유일한 결론은 그러한 경우에 있어서 '우리와 함께 하는 권위'의 개념을 그는 생각하고 있다고 보아야 할 것이다. 즉, 성령의 영감으로 말미암아 성경에 본래적으로 있는 권위가 아닌, 우리의 마음판에 새겨진 권위를 그가 생각하고 있다고 해야 한다. 우리가 이러한 결론에 도달하게 되는 것은 그의 기독교 강요에서 이 문제에 해답을 주는 장들을 깊이 생각해 봄으로 해서이다.

1. 칼빈이 그의 기독교 강요 1권 7장 이하에서 성경에 대한 주제를 다루어 해석하면서 "권위"라는 말을 사용한 그의 문장들을 정확하게 관찰해 보는 것이 필요하다. 유일하게 성문화되어 현존하는 하나님의 말씀인 성경에 관하여 그는 말하기를, "성경이 완전한 권위를 신자들로부터 획득할 수 있는 것은 오직 성경이 하늘로부터 말씀되어진 것이라고 그들이 확신할 때이다"(I. vii. 1.)라고 했다. 그러므로 칼빈은 내적 증거에서 기인하고 있는 '확신'을 다루고 있음

이 분명하다. 그러나 권위자체가 이 근원에서 기인되고 있다는 뜻으로는 전혀 말하고 있지 않다. 그것은 "신자들과 함께"하는 권위(apud fideles authoritatem)이다. 다른 말로 하면, 그는 신자들의 심령 속에 새겨진 권위를 다루고 있는 것이다. 더욱이 이 권위는 성경이 하늘로부터 말씀되어진 것이라고 그들이 확신할 때 주어진다. 그러므로 성경이 하늘에서 기원한다고 하는 인식만이 그 확신을 일으켜 준다. 그러나 이 천국으로부터의 기원 자체가 사실은 인식된 권위(authority recognized)를 성경에 부여해 준다.

칼빈의 강요에서 우리는 다음과 같은 것을 읽을 수 있다. "내가 이미 주장해 온 바와 같이, 하나님이 성경의 저자임을 우리가 의심 없이 확신할 때에만 이 성경 교리에 대한 신앙이 확립될 수 있다. 그러므로 성경의 최고의 증거는 항상 화자(話者)인 하나님에게서 찾아내야 한다"(I. vii. 4.). "하나님이 성경의 저자이시다"는 사실을 우리가 확신해야만 한다. 하나님의 저자권은 선행사실(先行事實)로서 우리의 확신에 의해서 만들어 낼 수 있는 것이 아니다. 또한 우리에게 인식을 갖도록 해 주는 것에 의해서도 만들어 낼 수 없다. 그러므로 성경에 권위를 부여해 주는 것은 하나님의 저자권이며, 성령의 내적 증거에 의해서 이 저자권이 결과된 것은 결코 아니다.

칼빈은 강요에서 또 이렇게 말하고 있다. "어떠한 인간의 판단보다 더 우월하고 강력한 확신이 없다면, 성경의 권위는 논증들에 의해서 변호될 수도 없고, 교회의 승인에 의해도 확립될 수 없고, 다른 도움들에 의해서도 확정될 수가 없다"(I. viii. 1.). 우리가 언급하고 있는 확신은 성령의 내적 증거에 의해서 생겨진 것이다. 그러나 그 권위는 성경의 권위로서, 그것은 신적 영감에 의해 성경의 성경된 것에 귀속하는 권위이다. 그것은 내적 증거에 의해서 만들어진 것이 아니다. 성경은 하나님이 그 안에서 말씀하고 계신다는 가장 분명한 증거를 나타내 보여주고 있기 때문에 논증의 주제가 될 수도 있는 성질의 것이다.

그러나 성경에 권위를 부여하는 것은 내적 증거가 아니고 성령의 역사에 의해서이다. 그리고 여기서 칼빈의 요지는 성경에 대한 확실한 신앙이 논증에 의해서 생겨나는 것이 아니고, 우리의 심령 속에서 일어나는 성령의 역사로부터 만이 가능하다는 것이다. 그러므로 칼빈이 이 문장에서 말한 그 권위는 내적 증거와는 완전히 구별되는 어떤 것이며, 우리 안에서 일어나는 성령의 효과적 역사에 선행하여 존재하는 것으로 이해되어야 한다.

2. 칼빈이 성령의 내적 증거를 다룰 때는 반드시 우리의 확신과 이 확신을 가능케 한 성령의 사역이 관련지어져 있다. 다른 말로 바꾸어 말하면, 내적 증거는 우리의 심령이 확신을 갖는데 효율적 능력을 가지고 있다. 칼빈의 강요에서 인용한 일련의 구절들에 귀를 기울여 보자. 그가 던진 질문은 이렇다. "누가 우리에게 성경은 하나님께로부터 말씀되어진 것이라고 확신시켜 주는가?"(I. vii. 1.). "우리가 만일 가장 양심적이기를 원한다면… 이 확신은 성령의 비밀한 증거에서 기인해야 한다.""비록 우리들이 하나님의 거룩한 말씀을 인간들의 비방으로부터 수호한다고 하지만 그것이 곧바로 신앙이 요구하는 확신을 인간들의 마음속에 새겨줄 수는 없을 것이다."

"왜냐하면, 하나님께서만이 자신이 하신 말씀에 대해 바른 증인이신 것과 마찬가지로 성경 말씀도 성령의 내적 증거에 의해서 인쳐 지기 까지는 인간들의 마음속에서 신뢰를 얻을 수가 없는 것이다. 그러므로 선지자들의 입을 통해서 말씀하신 바로 그 동일한 성령이 우리들의 심령 속에 깊이 파고 들어와서 우리를 설득시켜 선지자들 은 그들에게 맡겨진 하나님의 메시지를 충성스럽게 전달했음을 확 신케 하는 것이 필요하다."

"성령은 경건한 자들의 신앙을 굳게 하는 보증(保證)이요 담보물(擔保 物)이다. 왜냐하면, 성령이 그들의 마음을 조명(照明)해 주기까지는 그들 은 항상 의혹의 심연 속에서 헤매일 수밖에 없기 때문이다."(I. vii. 4.).

"그러므로 다음과 같은 사실들이 확실한 진리로 받아들여지게 된 다. 즉 성령에 의해서 내적으로 가르침을 받은 자들은 확고하게 성경 을 순종케 되고, 성경은 자명하여 확실성이 있으며(autopistos), 증명이 나 논증의 주제가 되어서는 안됨을 알게 되고, 다만 성령의 증거로부 터 우리가 수납해야 할 확신만을 갖게 된다. 왜냐하면 사실 성경은 그 자체의 권위에 의해서 인간의 존경을 받고 있으나, 성령에 의해서 우리 마음에 인쳐질 때에만이 우리에게 결정적인 영향을 준다. 그러 므로 성령의 역사에 의해서 우리가 조명을 받을 때에 우리는 성경을 하나님께서 주신 말씀으로 믿게 된다. 우리 자신의 판단이나 다른 사람들의 판단에 의해서는 결코 믿을 수가 없다. 즉 인간의 판단을 초월하는 방법으로만이 우리는 의심없이 확신할 수 있다(certo certius consti-tuimus).… 성경이 인간들의 사역을 통해서 하나님 자신의 입으 로부터 나온 말씀임을… 그러므로 하나님의 성령이 우리의 마음 가 운데서 인치신 것만이 참된 신앙임을 알아야 할 것이다."(vii. 5.).

끝으로, 요한일서 2:27에 관한 칼빈의 주석을 보면 "성령은 날인(捺印)과 같아서 하나님의 진리를 우리에게 확증시켜 준다. 요한 사도가 '거짓이 없으니'라고 첨가하여 말한 것은, 특별히 성령의 또 다른 직무를 나타내기 위함이다. 즉 우리가 거짓에 의해서 속지 않고, 당황하지 않고, 또한 의심스러운 것들 때문에 정신이 헷갈리지 않도록 성령은 우리에게 판단력과 분별력을 주신다."(요일2:27). 그러므로 분명히 해두어야 할 것은, 내적 증거의 기능이란 「내적」이란 말이 뜻하고 있는 대로 우리의 마음이 성경의 본래적으로 성경된 것에 합당한 확신(persuasion, assurance, conviction)을 갖도록 하는 작용이란 사실이다.

3. 성경과 성경이 본래적 신성(intrinsic divinity)을 가지고 있다는 증거의 본래적 성격에 관해서 칼빈은 일관된 주장을 하고 있다. "성경은 그 자체가 벌써 진리의 확실한 증거를 나타내 보여 주고 있다. 이는 마치 흰 것과 검은 것을 그 색깔로 단 것과 쓴 것을 그 맛으로 알 수 있는 것과 같다."(I. vii. 2.). "만일 이 문제에 대하여 논쟁을 벌이게 된다면, 하늘에 계신 하나님이 존재하시는 한 율법과 예언과 복음이 모두 하나님께로부터 나왔다는 것을 여러 실증들을 통해서 쉽게 증명할 수 있을 것이다.… 성경은 분명히 성경에서 하나님이 말씀하고 계신다는 증거와 결과적으로 성경과 교리가 신적인 것임을 보여주고 있다.… 만일에 우리가 순수하고도 건전한 마음 자세를 가지고 성경을 대한다면, 우리는 곧바로 하나님의 위엄에 직면케 되어 우리의 무례한 억측은 완전히 꺾이고 우리는 절대 순종케 된다."(I. vii. 4.)

그리고 칼빈이 "성령의 위엄"에 대해서 말할 때 그는 내적 증거를 언급하고 있는 것이 아니라, 신적 영감으로 인하여 성경에 존재케 된 특성을 언급한 것이다. 예언서를 언급할 때 그는 우리가 어디서나 읽어볼 수 있는 대로 "내가 말한 바 성령의 위엄은 어디에나 현저하게 나타나 있다"(I. viii. 2.)고 말한다. "이는 베드로나 바울의 글에 있어서도 마찬가지이다. 그들이 쓴 글의 깊은 뜻을 대부분의 사람들이 알지 못하지만, 그 글 안에 있는 하늘의 권위 자체가 모든 사람의 마음을 사로잡아 집중시킨다."(I. viii. 11.). "이 밖에도 논리가 확실한 다른 많은 이유들이 있다. 이로써 성경 자체의 위엄과 권위는 경건한 신자들의 마음속에 확실하게 남아 있게 될 뿐만 아니라 비방자들의 트집에 대해서도 완전하게 변호된다."(I. viii. 13.).

이 말의 요지는 분명하다. 『하나님이 성경에서 말씀하고 계신다. 성경에서 하나님이 그의 거룩한 입을 여신다. 성경에서 우리는 하나님의 위엄에 직면한다. 이 신성은 성경에 본래부터 있다. 그러므로 성경이 하나님의 말씀이라는 분명한 증거를 보여 준다. 우리가 건전한 마음가짐을 가질 때에 성경은 우리를 굴복시켜 순종케 한다.』 그러므로 이상의 말의 요지는 성경에는 본래부터 신적 권위(神的權威)가 있다는 것을 말을 바꾸어서 말한 것이라고 결론지을 수가 있다.

또한 칼빈이, 성경은 "자명하다"(self-authenticating)고 말할 때 그가 뜻하고 있는 바를 이 인용구들이 우리에게 밝혀 주고 있다. 「자명하다」는 그 서술어 자체가 칼빈이 여기서 내적 증거를 언급하고 있지 않다는 사실을 가르쳐 주고 있다. 왜냐하면 그는 '성경'에 대해서 '그것은 자명하다'(autopistos)고 말하고 있기 때문이다. 그는 성경이 본래적으로 자체의 신적 기원과 성격 및 권위를 내포하고 있다는 그 증거를 언급하고 있음이 분명하다. 그 증거가 성경에서 하나님이 말씀하고 계심을 드러내 주고 있다. 그러므로 성령에 의해서 내적으로 가르침을 받은 자만이 이 증거를 이해하며, 또한 성경은 그러한 자들에게서만이 마땅히 받아야 할 신뢰를 얻게 되는 것이다. 그러나 성경 자체가 자증하는 증거는 그것이 내포하고 있는 증거이지 성령의 내적 증거가 아니라는 점을 분명하게 알아 두어야 한다.

4. 이와 같은 결론을 지지해 주는 네 번째 문제를 생각해 보자. 그것은 곧 확증, 또는 보증으로서의 내적 증거에 대한 칼빈의 말이다. "왜냐하면 하나님께서만이 자신이 하신 말씀에 대해 바른 증인이신 것과 마찬가지로, 성경 말씀도 성령의 내적 증거에 의해서 인쳐지기까지는 인간들의 마음속에서 신뢰를 얻을 수가 없는 것이다." (I. vii. 4.). "왜냐하면 사실 성경은 그 자체의 위엄에 의해서 인간의 존경을 받고 있으나, 성령에 의해서 우리 마음에 인쳐질 때만이 우리에게 결정적인 영향을 준다." (I. vii. 5.). "그러므로 성령이 우리 마음에 인치신 것만이 참된 신앙임을 알아야 할 것이다." (I. vii. 5.). "우리에게 약속된 선물인 성령의 직능은 … 복음을 통해서 우리에게 소개된 동일한 교리를 우리 마음에 인쳐 주는 것이다." (I. ix. 1.).

보증의 기능은 본질적으로 그리고 선행적으로 참된 것을 확증하고 단순히 확산시키는 것임이 분명하다. 보증은 내용에 의해 아무것도 더하지 못한다. 만일 성령에 의해서 성경의 권위가 보증된다고 하면, 그 권위는 이미 전제되어 있는 것이다. 이는 곧 권위가 보증에 의해서 이루어지지 않는 것은 어떤 약속의 사실이 확인에 의해서 성취되지 않는 것과 같다. 그러므로 보증의 단순한 개념은 칼빈의 사상에 있어서 내적 증거가 성경의 권위를 부여하는 것이 아니고, 내적 증거 자체보다 선행하고, 또 그 자체에 본래적(本來的)으로 존재하는 권위를 내적 증거가 우리에게 단지 확신시켜 준다는 데 있다.

아직도 의심이 풀리지 않고 남아있다고 한다면 성경의 권위가 성령의 내적 증거에 있지 않고, 신적 영감(神的 靈感)에 의한 성경의 성경된 것에 있다고 하는 칼빈의 이론을 다시 한 번 정립시켜 주는 구절을 하나만 더 생각해 보고 결론을 맺는 것이 좋겠다.

이미 다루어진 바 있는 이 구절은 그의 모든 저서들에서 언급된 말들과 마찬가지로 성경의 기원, 성격 및 권위에 대한 그의 성경관을 천명해주고 있다. 이 구절은 바로 디모데후서 3:16에 관한 그의 주석 가운데서 찾아 볼 수 있다. "먼저 바울은 성경을 그것의 권위 때문에 높이 평가한다. 그리고 그 권위에서부터 생겨나는 효용성 때문에 높이 평가한다. 그는 성경의 권위를 주장하기 위해서 성경은 하나님에 의해서 영감되었다고 선언하고 있다. 그러기에 영감된 것이 사실이라면 우리가 성경을 경외심을 가지고 인정해야 한다는 데는 이론(異論)의 여지가 없는 것이다."

이상에서 보면 다음의 두 가지 사실이 논쟁할 여지가 없이 명백하다.

1. 여기서 칼빈은 내적 증거에 대해서는 전혀 말하고 있지 않고, 다음 절에서 그것을 다루고 있는데 그는 내적 증거를 우리 마음에 인식된 증거로만 보고 있다.

2. 신적 영감이 바로 권위를 부여해 주는 요소요, 그 영감 때문에 권위를 경외심을 가지고 용납하는 것이다. 그러므로 칼빈이 '성경은 권위있다'(authoritative)는 가정을 주장할 때 그가 영감의 사실에 근거하고 있음을 의심할 여지가 없다. 그리고 이것은 우리가 지금까지 거듭 생각해 왔던 바를 확증시켜 주는 것에 불과하다. 곧 그 권위는 그것의 저자권(著者權)에 있는 것이지 하나님의 저자권을 확증해 주는 내적 증거에 있지 않는 것이다.

---

3. 정통 개혁 신학에 대한 바른 이해

나 용 화 목사
(전 개신대학원대학교 총장,교수)

우리 개혁 교단은 정통적 개혁 신학과 신앙을 성경적인 것으로 알고 믿으며 따른다. 그러기에 정통 개혁신학에 대한 바른 이해가 모든 목회자들뿐만 아니라 교회 직분자들 그리고 신학생들에게 반드시 있어야 마땅하다. 우리의 개혁 신학은 성경과 칼빈의 신학과 웨스트민스터신앙고백에 기초하고 있다. 따라서 성경에 대한 바른 이해와 칼빈의 기독교강요에 나타나 있는 신학에 대한 이해, 그리고 웨스트민스터신앙고백의 신학적 특징에 대한 이해가 있어야 하는 것이다. 뿐만 아니라, 로마 가톨릭교회와 루터, 알미니우스, 자유주의 신학 및 세대주의적 근본주의 신학과의 차이점을 통해서 개혁 신학의 주요 교리와 특징을 이해하는 것도 중요하다.

1. 개혁 신학의 계시와 성경관

개혁 신학은 신구약 성경 66권이 하나님의 특별계시이고, 하나님의 말씀이며, 성령의 감동으로 기록된 것을 믿는다. 로마 가톨릭교회가 인정하는 외경을 우리는 성경으로 인정하지 않는다. 자유주의 신학이 가르치는 바, 성경은 인간적인 문학작품이요 하나님의 진리의 말씀을 포함하고 있고, 독자가 읽을 때 성령의 감동으로 하나님의 말씀이 된다는 주장을 우리는 반대한다.

우리가 믿는 바대로는, 신구약 66권만이 하나님의 계시의 말씀이고, 성경은 성령의 감동으로 기록된 까닭에 본래 하나님의 말씀 자체이다. 객관적으로 신적 권위가 있으며, 성경 자체에 하나님의 말씀인 것이 나타나 있고(독자적 신임성, self-authenticity), 항상 있으며 살아 활동력이 있다. 성경은 죽은 문자가 아니고, 인간적인 작품도 아니며, 성령으로 감동되어 기록된 까닭에 거짓이 없고(infallible)오류도 없다(inerrant). 성경에 고대근동지방의 신화와 법률 및 문화와 생활습관이 부분적으로 반영되어 있으나 성경 저자가 그같은 신화와 법률 등을 직접 자료로 삼아 기록한 것은 아니다. 성경 저자들은 이방인들의 신화와 법률 또는 용어 등을 알고 있었으나 그것들과는 질적으로 다른 하나님의 진리의 계시의 말씀을 성령의 감동으로 기록하였다. 그러기에 성경은 본래 그 자체로서 하나님의 특별계시요, 하나님의 말씀이다. 고대근동지방의 신화와 법률과 문화와 생활습관 및 언어를 알면 성경을 이해하는 데 다소간 도움이 되는 것은 하나님의 본래의 계시가 왜곡된 상태로나마 반영되어 있기 때문이다. 우리가 유의할 것은, 성경의 저자들이 고대근동지방의 신화와 언어 등을 직접적인 자료로 사용하여 성경을 기록한 것으로 보아서는 안된다는 점이다.

자유주의 신학은 성경계시가 이방 세계의 신화와는 사상적으로 근본이 다르다는 사실을 모르고 있다. 그리고 신약의 복음서들의 경우도, 본래의 자료들이 지금의 완성된 형태로 된 것을 자유주의 신학은 부인하고, 후대의 편집자들이 자료를 찾거나 만들어 편집한 것으로 주장한다. 개혁 신학은 이같은 성경과 계시에 대한 자유주의 신학의 입장, 곧 문서설과 편집설 등을 반대한다.

2. 칼빈의 신학의 핵심

칼빈은 루터의 종교개혁 사상에 의해 많은 영향을 받았다. 그는 젊은 나이에 종교개혁 사상을 숙지하였다. 그 역시 루터처럼 "오직 하나님의 은혜로", "오직 성경", "오직 예수님", "오직 믿음"을 그의 신학의 원리로 삼고, "오직 하나님께 영광을" 돌리는 것을 인생의 목적으로 삼았다. 칼빈은 루터가 주장하는 바, 그리스도의 부활한 몸의 편재성과 그리스도가 몸으로 성찬에 임재하여 함께 있다는 공재설 그리고 교회의 정치체제 등에서 차이점을 드러내고 있으나, 종교개혁의 주요원리에 있어서는 동일하다.

칼빈은 후대에 알미니우스가 문제 삼은 바 있는 예정론과 관련하여 하나님의 은혜를 특별히 강조하였다. 칼빈에 의하면, 우리는 본래 허물과 죄로 죽은 자들이기에 전적으로 부패하였다. 우리의 공로로는 구원 받을 수 없고 오직 하나님의 은혜로만 구원을 받기에 우리의 구원은 하나님의 무조건적 선택에 의한 것이다. 그리고 하나님의 은혜가 선택적으로 베풀어지는 까닭에 그리스도의 속죄는 수적으로 제한되어 있다. 하나님의 구원의 은혜는 사람 편에서는 거절할 수 없을 만큼 강하고, 그래서 성도의 구원이 끝까지 보장되는 것이다.

칼빈은 하나님의 은혜를 강조하면서 하나님의 아버지 사랑(fatherly care)과 그 사랑을 앎으로 하나님을 사랑하고 신뢰하며 순종하는 경건(piety)을 핵심적으로 가르쳤다. 그 경건에서 참된 믿음이 나오고, 이 믿음으로 그리스도와 연합되어 의롭다 함을 받을 뿐 아니라 동시적으로 거룩하게 된다. 그리고 하나님의 자녀의 권세와 자유를 사용하여 하나님의 나라를 구하여 산다. 하나님의 나라는 우리가 자기를 부인하고 날마다 십자가를 짊어지고 삶으로 이 땅에 임한다.

칼빈의 예정론은 하나님의 은혜로 말미암는 구원론에서 결과적으로 가르쳐지는 교리이고, 그의 핵심적 교리가 아니기 때문에, 칼빈 생전에 만들어진 하이델베르크요리문답(1563)이나, 우리나라 장로교회가 처음에 채택한 12신조에는 예정론이 언급되어 있지 않은 것이다.

칼빈의 신학에서 주요한 것 중에 하나는 그리스도와의 연합으로 말미암는 성화와 칭의의 교리이다. 그의 경우, 성화와 칭의는 동시적이요, 항상 함께 하며 구원의 전 과정에 걸쳐 있다. 즉 우리가 평생 힘써 이루어야 할 구원의 과정이 성화와 칭의이다. 성화 없는 칭의 없고, 칭의 없는 성화 없다. 그의 경우, 성화는 자기를 부인하고 십자가를 지는 회개의 삶을 통해서 이루어지고, 칭의는 죄 용서와 그리스도의 의의 전가로 말미암아 선언된다. 이 칭의는 의인된 사람 자신에 대하여서 뿐 아니라, 믿음으로 행하는 선행, 곧 복음에 합당한 삶과 회개의 열매에 대하여서도 선언되는 것이다. 그래서 칼빈은 그의 기독교강요에서 믿음과 회개를 언급한 다음 곧바로 성화를 다루고 그 다음 칭의를 언급하면서 선행을 다룬 것이다.

칼빈이 말하는 선행은 성격상 개인적일 뿐 아니라 사회 개혁을 포함한다. 하나님의 나라는 하나님의 공의와 정의와 공정을 행하는 것과 하나님의 인애와 은혜와 긍휼을 베풂으로 이 땅에 임하는 것이다. 종교개혁은 성경말씀과 성령으로 말미암는 사회개혁과 문화개혁과 함께 개인의 영적 갱신이다.

3. 웨스트민스터신앙고백의 신학적 특징

성경과 칼빈의 신학사상에 기초한 웨스트민스터신앙고백은 알미니우스 학파가 칼빈의 예정론을 특별히 항변하기 시작한지 40년쯤 되던 1647년에 만들어졌다. 그런 까닭에 예정론이 강조되어 있다. 그러나 웨스트민스터신앙고백은 로마가톨릭교회의 교황 중심의 교권주의와 성례에 의한 구원 등을 반대한 까닭에, 성경의 신적 권위와 하나님의 은혜와 믿음으로 말미암는 구원과 구원의 확신 그리고 양심의 자유뿐만 아니라 오직 그리스도 예수님만이 우리의 유일한 중보자 되심을 강조하였다. 교황의 인간적 권위 때문에 하나님의 말씀인 성경의 절대적 신적 권위를 웨스트민스터신앙고백은 가르친다. 오직 하나님의 말씀인 성경만이 신앙과 생활을 위한 절대 무오한 규칙인 것이다. 하나님의 말씀의 법 앞에서 사람은 모두가 평등하고, 진리의 말씀이 주는 양심의 자유를 따라 행하는 것이 마땅하다.

웨스트민스터신앙고백에 의하면, 메시아를 계시하는 구약의 방식, 곧 메시아에 대한 약속과 예표와 희생제사 등은 그리스도가 오심으로 종결되었다. 그러나 계시의 수단, 곧 일반계시의 경우 인간의 본성, 자연현상, 역사의 사건과, 특별계시의 경우 신현(하나님이 천사들을 통해 나타나심), 예언(말씀으로 나타나심), 이적과 표적 등은 지금도 여전히 있으며, 영원한 선지자이신 예수 그리스도께서는 성령을 통해서 성경을 가지고 계시의 수단들을 사용하여 지금도 계시하고 계신다. 이 계시를 통해서 우리가 하나님을 알고 믿으며, 그가 보내신 예수 그리스도를 믿어 그분과 연합되고, 그분 안에서 의롭다 함과 거룩함을 얻는 것이다. 이로써 하나님의 나라에서 영생을 얻어 누린다. 그리고 교회를 통해서 세속 정부에 순종하여 하나님의 나라와 그의 의를 구하는 것이다. 이로써 복음의 능력으로 세상의 악한 문화를 변혁시킨다.

웨스트민스터신앙고백은 알미니우스주의자들의 항변을 의식하여 칼빈의 예정론을 강조하고 있으나, 근본적으로는 로마가톨릭교회의 교권주의와 성례주의 등을 반대한 까닭에 성경의 신적 권위와 종교 개혁의 기본 교리와 이미 시작된 하나님의 나라 등이 강조되어 있는 것이다.

맺는 말

정통적 개혁 신학은 루터의 종교 개혁의 원리들을 기초로 하고 있기 때문에, 오직 은혜, 오직 성령, 오직 예수님, 오직 믿음, 오직 하나님께 영광 등을 강조하여 가르친다.

한편, 개혁 신학은 로마 가톨릭교회의 이원론적 사상, 잘못된 성경관, 인본주의적인 교권주의, 구원의 확신을 주지 못하는 성례주의 등과는 근본적으로 다르다. 개혁 신학은 교회가 세속 권력 위에 군림하게 하지 않는다. 하나님의 절대주권 아래 영적 영역인 교회와 세속적 영역인 국가가 함께 존재하는 것이다. 개혁 신학은 신구약 성경 66권만이 객관적으로 역사적으로 하나님의 말씀임을 믿는다.

개혁 신학은 알미니우스주의와 다르다. 알미니우스주의는 죄인의 전적 부패를 인정하지 않고, 의지의 자유가 죄인에게도 있다고 가르친다. 이에 반하여 개혁 신학은 죄인이 전적으로 부패하여 영적으로 죽어 있으며, 영적 선을 행할 수 없고, 따라서 오직 하나님의 은혜로만 그리고 오직 믿음으로만 구원 받는다는 것을 믿고 가르친다. 그 믿음은 홀로 가만히 있지 않고 사랑과 정의를 행한다. 즉 선행을 열매 맺는다는 것을 개혁 신학은 강조한다. 이로써 교회 개혁, 사회 개혁, 문화 개혁을 통하여 하나님 나라를 이루는 것이 개혁 신학이다.

개혁 신학은 성경관과 기독론 등에서 자유주의 신학과 근본적으로 다르다. 개혁 신학은 성경이 객관적으로 역사적으로 하나님의 말씀임을 믿는다. 그리고 참 하나님이시오 참 사람이신 오직 예수님만이 우리의 유일한 중보자이심을 믿는다.

그리고 개혁 신학은 사회 개혁과 문화 개혁을 부정하는 세대주의적 근본주의와도 다르다. 개혁 신학은 복음 선포와 함께 복음을 통한 사회 참여 곧 사회 개혁을 강조한다. 개혁 신학은 일방적 내세 지향주의가 아니고, 지금 이 땅에서 이미 시작된 하나님의 나라를 이루어 간다.

저자소개

1946년 전라남도 나주에서 출생함(음력 11월 15일)

가족 : 아내 김은순/아들 나희삼(의학박사, 부산대학교 치의학전문대학원 교수)/며느리 최윤희(부산 동남권원자력의학원 혈액종양내과 과장/딸 나희경(UC Berkeley 졸업, 하버드대학교 보건대학원 Bio-statistician)/사위 Oliver Hofmann(하버드대학교 보건대학원 Bio-informatics core director)/손녀 나유민, 나혜민

약력 :

미국 콘콜디아 신학대학원(Th.D.)

미국 카버난트 신학대학원(Th.M. cum laude)

총신대학교 신학대학원(M.Div. Equi.)

전남대학교 법과대학(B.A.)

목사안수(1978년, 대한예수교장로회 전남노회)

렘넌트신학연구원 조직신학 강의

개신대학원대학교 명예교수(2013년)

개신대학원대학교 교수, 교무처장, 사회교육원장(1991년~2012년)

개신대학원대학교 총장(2010년 11~2012년)

광주신학교(현, 광신대학교) 교수 및 교장(1977-1981,1984-1991년)

개혁신학회 부회장(2008년-2010년)

한국기독교총연합회 신학위원회 부위원장(2005년~2011년)

한국기독교총연합회 이단사이비 대책전문위원회 부위원장(2012-2013년)

대한예수교장로회 총회(개혁) 신학위원회 위원장

Inter-Serve 광주지회 이사회 회장

오치애양교회 담임목사(2000년-2014년 현재)

광주애양교회 담임목사(1992-1999년)

오치종합사회복지관 이사(1992-2000년)

광주동명교회 대학부 지도목사(1980-1990년)

광주중앙교회 협동목사(1978-1979년)

저서 :

「해방신학비판」(기독교문서선교회, 1983년)

「급진신학비판」(기독교문서선교회, 1984년)

「정치신학비판」(기독교문서선교회, 1984년)

「민중신학비판」(기독교문서선교회, 1984년)

「그리스도인과 폭력」(기독교문서선교회, 1986년)

「민중신학평가」(기독교문서선교회, 1987년)

「창세기 문답공부」(기독교문서선교회, 1989년)

「로마서 문답공부」(기독교문서선교회, 1989년)

「기독교 세계관 문답공부」(기독교문서선교회, 1990년)

「현대신학평가」(기독교문서선교회, 1991년)

「성경핵심입문」(기독교문서선교회, 1991년)

「칼빈과 개혁신학」(기독교문서선교회, 1992년)

「영성과 경건」(기독교문서선교회, 1999년)

「웨스트민스터신앙고백서」(기독교문서선교회, 2000년)

「핵심조직신학개론」(기독교문서선교회, 2002년)

「기독교신앙의 진리」(기독교문서선교회, 2004년)

「명쾌한 기독교신학과 생활」(기독교문서선교회, 2006년)

「새가족반」(기독교문서선교회, 2007년)

「천국복음CEO 로마서」(기독교문서선교회, 2008년)

「발전하는 보수신학」(기독교문서선교회, 2008년)

「예수님의 하나님 나라」(RTS, 2010년)

「칼빈의 기독교강요개요」(기독교문서선교회, 2010년)

「성경에서 계시받고 인생을 찾다」(도서출판 생명, 2012년)

「성경에서 하나님을 만나다」(도서출판 생명, 2013년)

「성경에서 예수님을 알다」(도서출판 생명, 2013년)

「성경에서 계시를 받다」(에페코북스, 2014년)

「성경에서 인생을 찾다」(도서출판 생명, 2014년)

「성경에서 구원의 행복을 누린다」(에페코북스, 2014년)

「성경에서 교회와 종말을 배운다」(에페코북스, 2014년)

「기독교의 정석」(에페코북스, 2014년)

역서 :

존 머레이, 「칼빈의 성경관과 주권사상」 (기독교문서선교회, 1976년)

디머레이, 「강단의 거성들」 (생명의말씀사, 1976년)

브루스, 「신약사」 (기독교문서선교회, 1978년)

레이몬드, 「신오순절운동비판」 (개혁주의신행협회, 1978년)

칼빈, 「신약성경주석 7:로마서, 빌립보서」 (성서교재간행사, 1979년)

헨드릭슨, 「목회서신」 (아가페출판사, 1980년)

브레이크록, 「사도행전」 (기독교문서선교회, 1980년)

골든 클락, 「장로교인들은 무엇을 믿는가?」 (개혁주의신행협회, 1980년)

윌리암슨, 「웨스트민스터신앙고백서 강해」 (개혁주의신행협회, 1980년)

브라이쉬, 「주님의 사역연구」 (평화사, 1985년)

누네즈, 「해방신학 평가」 (기독교문서선교회, 1987년)

로날드 월레스, 「칼빈의 기독교생활원리」 (기독교문서선교회, 1988년)

거쓰리, 「신약개론」 (기독교문서선교회, 1988년)

벵겔, 「신약주석: 로마서」 (로고스, 1990년)

벵겔, 「신약주석: 고린도전서-갈라디아서」 (로고스, 1992년)

벵겔, 「신약주석: 베드로전서-유다서」 (로고스, 1992년)

에릭슨, 「인죄론」 (기독교문서선교회, 1990년)

함몬드, 「간추린 조직신학」 (기독교문서선교회, 1994년)

IVP편, 「새성경사전」 (기독교문서선교회, 1996년)

에릭슨, 「조직신학개론」 (기독교문서선교회, 2001년)

레이몬드, 「최신조직신학」 (기독교문서선교회, 2004년)

베르까우어, 「개혁주의 교회론」 (기독교문서선교회, 2006년)

레이몬드, 「개혁주의 기독론」 (기독교문서선교회, 2007년)

홀과 릴벡 편, 「칼빈의 기독교강요신학」 (기독교문서선교회, 2009년)

스프로울, 「보이지 않는 손」 (RTS, 2011년)

논문 :

"A Theological Assessment of Korean Minjung Theology, Biblically and Systematically" Concordia Journal (St. Louis : Concordia Seminary, 1988)

"칼빈의 기도론"(「개혁신학」 창간호, 1994년)

"성화와 기독교윤리"(「개혁신학」 제2집, 1995년)

"박형룡의 교의신학에 대한 발전적 평가"(「신학지남」 252호, 1997년 가을)

"칼빈주의적 복음주의신학과 한국장로교회"(「개혁신학」 제3집, 2002년)

"조나단 에드워즈의 영성"(「개혁신학」 제3집, 2002년)

"성령세례와 성령충만에 대한 신학적 이해"「개신논집」 제4집, 2004년)

"영광스러운 교회에 대한 신학적 고찰"(「개신논집」 제4집, 2004년)

"현대신학사상의 큰 흐름"(「개신논집」 제5집, 2005년)

"하나님의 특별계시의 성질"(「개신논집」 제6집, 2006년)

"로잔언약과 한국교회의 과제"(「개신논집」 제7집, 2007년)

"기독교의 세속화와 복음주의 영성"(「개신논집」 제8집, 2008년)

"믿음과 칭의에 대한 칼빈의 이해"(「개신논집」 제9집, 2009년)

"웨스트민스터소요리문답 제1문답의 역사적 배경과 의미 "「개혁신학」(웨스트민스터신학원, 1992년)

"개혁교단의 역사와 개신대학원대학교의 신학적 권위"(「개신논집」 제10집, 2011년)

"한국교회가 꼭 바로 알아야 할 교리 열 가지"(「개신논집」제11집, 2011년)

"성경적 인생관"(「개신논집」제12집, 2012년)